城市地下物流系统研究前沿

城市地下物流系统总体布局规划研究

◎鲁斌　著

同济大学出版社
TONGJI UNIVERSITY PRESS

图书在版编目(CIP)数据

城市地下物流系统总体布局规划研究 / 鲁斌著. —
上海：同济大学出版社，2021.11
ISBN 978-7-5608-8905-4

Ⅰ. ①城… Ⅱ. ①鲁… Ⅲ. ①城市交通运输—地下铁道运输—货物运输—研究 Ⅳ. ①F570.8

中国版本图书馆 CIP 数据核字(2021)第 246327 号

本书入选 2021 年上海市重点图书

城市地下物流系统研究前沿

城市地下物流系统总体布局规划研究

Study on the Overall Layout Planning of Urban Underground Logistics System

鲁 斌 著

出品人：华春荣
策划编辑：胡晗欣
责任编辑：胡晗欣
责任校对：徐春莲
封面设计：潘向蓁

出版发行 同济大学出版社 www.tongjipress.com.cn
（地址：上海市四平路 1239 号 邮编：200092 电话：021-65985622）
经 销 全国各地新华书店、建筑书店、网络书店
排版制作 南京文脉图文设计制作有限公司
印 刷 常熟市华顺印刷有限公司
开 本 787mm×1092mm 1/16
印 张 9.5
字 数 237 000
版 次 2021 年 11 月第 1 版 2021 年 11 月第 1 次印刷
书 号 ISBN 978-7-5608-8905-4
定 价 58.00 元

前 言

我国正处于经济转型发展的新时期，物流行业迎来了前所未有的变革。物流需求规模的急速膨胀，使得传统物流基础设施难以适应其发展，并加剧了城市交通问题的负面影响。地下物流作为缓解城市交通问题、提升物流效率的创新思路之一，其建设实施的时机已逐渐成熟。为更好地贯彻落实城市地下物流的规划建设任务，本书着眼于地下物流系统中最重要的组成部分——地下物流终端与运输通道，对其规划设计的理论方法与优化原则进行了研究。

本书首先系统性地总结了城市地下物流的前期研究成果，包括物流终端选址、运输通道优化及其工程实践等。在继承前期研究的基础上，针对工程实践中难以回避的城市地下空间资源紧张、建设成本高昂等问题，创新地提出了"整合共建、功能复合、面向实施"的规划思路。其次，本书对城市地下物流系统前期规划所涉及的必要性、可行性、需求预测等进行了分析，系统地总结了城市地下物流系统规划建设的适宜条件及要求。

本书研究的重点之一为城市地下物流终端选址优化。基于城市共同配送的运营理念，本书建立了由分拨中心与配送中心组成的两级城市物流体系结构，并从功能定位、服务对象、服务范围等方面，提出了相应的规划原则、规划目标、规划内容及规划方法，以此制定了城市地下物流终端选址的布局原则和规模范围。

本书研究的重点之二为城市地下物流运输通道优化。考虑到独立建设地下物流运输通道的费用较高，基于"整合共建、功能复合、面向实施"的规划理念，创新性地提出了地下物流与地下基础设施整合共建的形式。本书选取了具有代表性的城市地下基础设施，重点研究了地下物流与综合管廊、轨道交通和地下道路的整合共建方案，对各形式内部通道进行了详细设计，如综合管廊的合舱与分舱形式、轨道交通的加挂车厢与货运专列形式、地下道路的货运专用道与客货混行公共通道形式。

本书将上述研究成果应用于雄安新区、济南新旧动能转换先行区的规划实例中。依据新区的发展背景和基础设施布局规划，在雄安新区采用地下物流系统与综合管廊整合的建设形式；在济南新旧动能转换先行区，则采用地下物流系统与综合管廊、地下道路综合布局的建设形式。在各形式中，对城市地下物流系统的终端选址与运输通道优化进行了面向实施的方案设计。上述案例均体现出城市地下物流终端选址与运输通道优化方案在工程实践中的可行性和有效性。

“地下物流系统规划研究”是一门新兴的研究课题，涉及众多学科和专业。本书从规划设计角度对城市地下物流中的终端选址和通道优化进行重点探究，以期补充和完善地下物流理论体系，研究成果可进一步指导战略决策、方案设计，推进城市地下物流的规划建设任务进程。

著　者

2021 年 4 月

目 录

第 1 章
绪　论

1.1　研究背景

国家各部委对物流基础设施的能级、效率、规模等方面提出了新的发展要求，相关的政策包括国家发展改革委、交通运输部《关于进一步降低物流成本的实施意见》，国务院《交通强国建设纲要》以及《物流业发展中长期规划(2014—2020 年)》等，涉及的内容有物流基础设施建设布局、城市物流共同配送、物流配送绿色化等，同时重点强调了发展智慧物流、创新地下物流配送等新型物流模式。党的十九大报告更是第一次把物流列入城市基础设施的范畴中，体现了国家政策对物流基础设施建设的高度重视。

1.1.1　政策背景

1. 关于进一步降低物流成本的实施意见

2020 年，国家发展改革委、交通运输部共同发布《关于进一步降低物流成本的实施意见》的通知，提出了在新冠肺炎疫情影响下城市物流降本增效的目标。其中，与城市物流相关的具体指导措施如下：

在深化关键环节改革、降低物流制度成本方面，城市物流应优化城市配送节点的配送管理，同时持续推进城市绿色货运配送示范工程。

在物流设施方面，意见提出："城市物流系统应完善以综合物流中心、公共配送中心、末端配送网点为支撑的三级配送网络，合理设置城市配送车辆停靠装卸相关设施，研究将城市配送车辆停靠接卸场地建设纳入城市建设和建筑设计规范。鼓励城市物流发展共同配送、统一配送、集中配送、分时配送等集约化配送模式。同时，在管理上，要求当地政府改进城市配送车辆通行管理工作，明确城市配送车辆的概念范围，放宽标准化轻微型配送车辆通行限制，对新能源城市配送车辆给予更多通行便利。"[1]

在加强土地和资金保障、降低物流要素成本方面，意见要求有关部门需保障物流用地需求。对国家及有关部门、省（自治区、直辖市）确定的国家物流枢纽、铁路专用线、冷链物流设施等重大物流基础设施项目，在建设用地指标上给予重点保障，其中包括"利用铁路划拨用地等存量土地、集体经营性建设用地建设物流基础设施等措施"。

在推动物流业提质增效、降低物流综合成本方面，意见要求有关部门推进物流基础设施网络建设。"研究制定2021—2025年国家物流枢纽网络建设实施方案，整合优化存量物流基础设施资源，构建'通道＋枢纽＋网络'的物流运作体系，系统性降低全程运输、仓储等物流成本。同时，地方应继续实施示范物流园区工程，示范带动骨干物流园区互联成网。重点加强应急物流体系建设，完善应急物流基础设施网络，整合储备、运输、配送等各类存量基础设施资源，加快补齐特定区域、特定领域应急物流基础设施短板，提高紧急情况下的应急物流保障能力。"[1]

意见也提出应加快发展智慧物流。具体政策包括"积极推进新一代国家交通控制网建设，加快货物管理、运输服务、场站设施等数字化升级。并推进新兴技术和智能化设备应用，提高仓储、运输、分拨配送等物流环节的自动化、智慧化水平"。[1]

2. 交通强国建设纲要

2019年中共中央国务院印发《交通强国建设纲要》，指出要打造绿色、高效、智慧、新型的现代物流体系，其中，城市地下物流配送是智慧物流发展策略之一。发展重点如下：

在物流发展目标上，纲要提出："到2035年，基本形成'全国123出行交通圈'（都市区1小时通勤、城市群2小时通达、全国主要城市3小时覆盖）和'全球123快货物流圈'（国内1天送达、周边国家2天送达、全球主要城市3天送达）。推进电商物流、冷链物流、大件运输、危险品物流等专业化物流发展，促进城际干线运输和城市末端配送有机衔接，鼓励发展集约化配送模式。"[2]

在智慧物流发展策略上，纲要提出："发展'互联网＋'高效物流，创新智慧物流营运模式。包括建立通达全球的寄递服务体系，推动邮政普遍服务升级换代。加快快递扩容增效和数字化转型，壮大供应链服务、冷链快递、即时直递等新业态新模式，推进智能收投终端和末端公共服务平台建设。积极发展无人机（车）物流递送、城市地下物流配送等。"[2]

在物流的绿色发展要求上，纲要提出："优化交通能源结构，推进新能源、清洁能源应用。"[2]主要是促进公路货运节能减排，推动城市公共交通工具和城市物流配送车辆全部实现电动化、新能源化和清洁化。

纲要同时提出了一系列国内物流发展的新方向。包括“大力发展智慧物流及相关产业，积极建设智慧物流基础设施，注重物流配送通道的有机衔接和物流终端的升级，发展城市地下物流配送等”。[2] 这些措施可改善全社会物流系统运行效率，降低经济运行成本，并进一步改善整个城市的投资环境，增强产业吸纳能力，促进城市产业结构调整和升级，提高城市的综合竞争力，促进社会经济持续快速发展。

3. 关于推动物流高质量发展促进形成强大国内市场的意见

2019 年，国家发展改革委、公安部、财政部等发布《关于推动物流高质量发展促进形成强大国内市场的意见》，提出了建设高质量城市物流基础设施的目标，具体如下：

完善城乡消费物流体系。在物流设施网络体系建设上，意见要求相关部门：“实施城乡高效配送专项行动，完善城乡配送网络，鼓励企业在城乡和具备条件的村建立物流配送网点，加强公用型城市配送节点和社区配送设施建设，同时将末端配送设施纳入社区统一管理，推进设施共享共用，支持试点城市和企业加快构建城乡双向畅通的物流配送网络。”[3]

发展物流新服务模式。意见要求在配送模式上进行创新：“大幅提高铁路企业开行班列化货物列车数量。优化铁路班列运行组织方案，推动铁路‘门到门’运输全程可追踪，提供信息查询服务。发展铁路危化品运输。发展‘端到端’的物流模式。鼓励和支持云仓等共享物流模式、共同配送、集中配送、夜间配送、分时配送等先进物流组织方式发展，同时在具备条件的地区探索发展无人机配送等创新模式。”[3]

加快绿色物流发展。意见提出：“研究推广清洁能源（LNG）、无轨双源电动货车、新能源（纯电动）车辆。加快车用 LNG 加气站、充电桩布局，在批发市场、快递转运中心、物流园区等建设充电基础设施。鼓励企业使用符合标准的低碳环保配送车型。”[3]

促进标准化单元化物流设施设备应用。意见提出：“推动城市配送车辆结构升级，逐步建立以新能源配送车辆为主体、小型末端配送车辆为补充的配送车辆体系。支持集装箱、托盘、笼车、周转箱等单元化装载器具循环共用以及托盘服务运营体系建设，推动二手集装箱交易流转。鼓励企业使用 1 200 mm×1 000 mm 的标准托盘。加快物流信息、物流设施、物流装备等标准对接。”[3]

提升城市物流管理水平。意见要求有关部门：“科学制定城市物流政策，指导城市提高配送车辆通行管理的精细化水平，合理规划城市货运通道，避免‘一刀切’限行。在城市交通中，实行分车型、分时段、分路段通行管控，有效释放货运通行路权，保障城市生产生活的必要需求。鼓励地方政府在城市中心区建设一批公共物流配送中心，通过租赁等方式为服务居民生活的物流企业提供必要经营场所。”[3]

4. 党的十九大报告

2017 年，党的十九大报告在论述新时代物流发展时指出发展重点。

在经济建设上，报告提出："深化供给侧结构性改革，指导物流产业发展。建设现代化经济体系，必须把发展经济的着力点放在实体经济上，把提高供给体系质量作为主攻方向，显著增强我国经济质量优势。在产业中推动互联网、大数据、人工智能和实体经济深度融合，在中高端消费、创新引领、绿色低碳、共享经济、现代供应链、人力资本服务等领域培育新增长点、形成新动能。支持传统产业优化升级，加快发展现代服务业，瞄准国际标准提高水平。促进我国产业迈向全球价值链中高端，培育若干世界级先进制造业集群。坚持去产能、去库存、去杠杆、降成本、补短板，优化存量资源配置，扩大优质增量供给，实现供需动态平衡。"[4]

在基础设施建设方面，报告提出："加强水利、铁路、公路、水运、航空、管道、电网、信息、物流等基础设施网络建设。"[4]党的十九大报告是国家政策报告首次将物流列入城市基础设施的范畴，体现了国家政策对物流基础设施建设的高度重视。

5. 物流模式创新发展转型相关政策

国务院办公厅于 2016 年发布的《关于深入实施"互联网＋流通"行动计划的意见》提出："鼓励企业发展分享经济新模式，激发市场主体创业创新活力，鼓励包容企业利用互联网平台优化社会闲置资源配置，扩大社会灵活就业。"[5]

国务院办公厅于 2015 年发布的《关于推进线上线下互动加快商贸流通创新发展转型升级的意见》提出："鼓励相关部门运用互联网技术大力推进物流标准化，推进信息共享和互联互通；大力发展智慧物流，运用北斗导航、大数据、物联网等技术，构建智能化物流通道网络，建设智能化仓储体系、配送系统。"[6]

商务部于 2015 年发布的《2015 年流通业发展工作要点》提出："地方政府应深入推进城市共同配送试点，总结推广试点地区经验，完善城市物流配送服务体系，促进物流园区分拨中心、公共配送中心、末端配送点三级配送网络合理布局，培育一批具有整合资源功能的城市配送综合信息服务平台，推广共同配送、集中配送、网订店取、自助提货柜等新型配送模式。"[7]

6. 物流业发展中长期规划(2014—2020 年)

2014 年 10 月 4 日国务院印发《物流业发展中长期规划(2014—2020 年)》，部署加快现代物流业发展，建立和完善现代物流服务体系，提升物流业发展水平，为全面建成小康社会提供物流服务保障。物流业发展中长期规划发展重点如下：

着力降低物流成本。在通道建设上，规划提出："加快推进联通国内、国际主要经济区域的物流通道建设，大力发展多式联运，努力形成京沪、京广、欧亚大陆桥、中欧铁路大通道、长江黄金水道等若干条货畅其流、经济便捷的跨区域物流大通道。"[8]

着力提升物流企业规模化、集约化水平。规划鼓励："商贸物流企业提高配送的规模化和协同化水平，加快电子商务物流发展，建立快速便捷的城乡配送物流体系。规划尤其支持快递业整合资源，与民航、铁路、公路等运输行业联动发展，加快形成一批具有国际竞争力的大型快递企业，构建覆盖城乡的快递物流服务体系。支持航空货运企业兼并重组、做强做大，提高物流综合服务能力。充分发挥邮政的网络、信息和服务优势，深入推动邮政与电子商务企业的战略合作，发展电商小包等新型邮政业务。"[8]

着力加强物流基础设施网络建设。要求"推进综合交通运输体系建设，合理规划布局物流基础设施，完善综合运输通道和交通枢纽节点布局，构建便捷、高效的物流基础设施网络，促进多种运输方式顺畅衔接和高效中转，提升物流体系综合能力。优化航空货运网络布局，加快国内航空货运转运中心、连接国际重要航空货运中心的大型货运枢纽建设。加强物流园区规划布局，进一步明确功能定位，整合和规范现有园区，节约、集约用地，提高资源利用效率和管理水平。在大中城市和制造业基地周边加强现代化配送中心规划，在城市社区和村镇布局建设共同配送末端网点，优化城市商业区和大型社区物流基础设施的布局建设，形成层级合理、规模适当、需求匹配的物流仓储配送网络。进一步完善应急物流基础设施，积极有效应对突发自然灾害、公共卫生事件以及重大安全事故。"[8]

发展地下物流系统有利于实现规划中的物流发展目标。其中，研发相关装备技术，有助于形成我国自主知识产权的技术与装备的市场化和产业化，促进传统货运的技术转型，带动相关产业升级和壮大。此外，地下物流系统还有助于推进发展第三方物流，建立和完善社会化、专业化的物流服务体系，优化结构，加快传统物流业转型升级。

1.1.2　发展背景

1. 现代物流业的重要性逐步提升

物流是物质资料从供应者到需求者的物理运动，是运输、保管、包装、装卸、流通加工、配送以及信息流通等多项基本活动的统一整体。

物流业是融合运输、仓储、货代、信息等产业的复合型服务业，是支撑国民经济发展的基础性、战略性产业。加快发展现代物流业，对于促进产业结构调整、转变发展方式、提高国民经济竞争力和建设生态文明具有重要意义。物流产业发展的水平也体现了一个国家现代化发展的程度和综合国力。随着经济进入新的发展阶段，我国物流业在总体规模和发展条件等方面将有更大的提升。

总体来看，物流业增长速度较快，且运行质量也在稳步提高。2019 年全国物流运行情况通报指出，2019 年全国社会物流总额为 298.0 万亿元，同比增长 5.9%，近 3 年来增速保持在 6% 左右。在物流业经济总量提升的同时，物流运行质量也同步提升。2019 年社会物流总费用占 GDP 总量的比值为 14.7%，同比下降 0.1%，近 10 年下降近 30%，社会物流总费用占 GDP 总量的比值呈持续下降的趋势，说明降低物流成本的措施取得了相应的成效。同时，物流需求的结构优化也获得突破性进展，高新创新产业所占比例增加、消费与民生领域物流需求的增加，尤其是电子商务途径的消费增加成为物流需求增长的主要动力。[9]

从发展条件来看，制造业与居民消费对物流业的带动更加明显。先进的制造业物流通过资源整合和流程优化，为制造业提供精准化、准时制、低成本、高效率的供应链全流程物流服务，可以有效降低企业经营和交易成本，全面提高产品、服务质量及供应链管理水平，促进供需精准匹配和产业转型升级，成为传统制造业向先进制造业转型、融入全球供应链网络并向全球价值链高端攀升的助推器。而随着城镇人口增加，居民消费上升，城市商贸民生物流已成为新商业模式关注的焦点领域。自 2014 年开始，我国与电商消费相关的快递物流稳居世界第一[10]。物流位列十大产业调整振兴规划，国务院积极推进供应链管理创新，现代物流已成为我国实现经济社会高质量发展的重要途径。

物流基础设施条件逐步完善。物流基础设施在物流业发展中具有重要的地位，既是物流的物质空间基础，也是政府为达到进一步物流业发展目标、进行长远物流战略规划的基本要素，对物流基础设施的合理配置和规划是我国新时代物流发展的基本要求。

2. 物流需求增长对城市交通带来负面影响

近年来，我国城镇人口不断增加，城市人口的高度集聚导致了一系列城市问题。据相关数据，截至 2019 年年底，我国城镇化率为 60.60%，城镇常住人口 84 843 万人，同比增加 1 706 万人；乡村常住人口 55 162 万人，同比减少 1 239 万人，较前几年度保持着持续减少的趋势，乡村的劳动力不断从乡村的第一产业迁向城镇的第二、三产业。

人口和产业向城镇集中带来了城镇物流需求规模的持续增长。根据国家统计局统计，2019 年全国公路货物运输总量为 416.1 亿 t，比 2018 年增长 5.1%[11]。货运交通量增长的同时，引发了城市交通拥堵、交通安全事故、环境污染等问题。

在衡量货车对交通拥堵造成的影响时，主要考虑货车占用车道的实际长度更长，且车道被占用的时间更久。货运车辆长度相比小汽车较长，而且为保证行车安全，确保货车驾驶员有更多的反应时间，货车会留出更长的车头时距，车辆行驶速度越高，车头时距、制动距离也越长，因此货车占用车道的实际长度将更长。货车有比小汽车更低的最大车速限制和更长的加速时间，且载重时行驶速度较慢，占用车道的时间较长。按照交通调查中的车型划分及车辆折算系数，标准小汽车换算系数为 1.0，货车换算系数为 1.5～3.0，同样数量的货运车辆与私家车相比，货运车辆占用城市道路资源更多，客货混行时，易造成交通拥堵，降低交通效率。

由于载货车辆在机动性方面存在不足，发生紧急情况时不能及时反应，在人口密度和建筑密度较大的城市地区作业易引起交通安全事故。据统计，在道路运输事故中，由货车引起的交通安全事故数量及其导致的死亡人数占比较高，分别占交通事故总数的 70% 和 64%[12]。

货运车辆造成的城市环境污染问题也较为突出。仅 2018 年，柴油货车仅占汽车保有量的 7.9%，却排放了占总量 60.0% 的氮氧化物 NO_x 和 84.6% 的细颗粒物 PM[13]。

3. 新型商业模式衍生出城市配送问题

现代物流的核心战略资源地位增强。随着互联网、人工智能等信息科技的发展，传统信息流、资金流、商务流和物流四流合一的商业流程正在向线上、线下两种商业流程分化。未来社会商业体系中，物流可能成为全部服务流程的集成者，与线上服务比肩。

据国家统计局资料，2019 年我国快递年业务量首次突破 600 亿件，达到 635.2 亿件，同比增长 25.3%，创历史新高；业务收入 7 497.8 亿元，同比增长 24.2%[14]。预测 2022 年中国快递业务量将达到 784 亿件，业务收入将达到 9 309 亿元。在快递业务量持续增长的同时，同城配送的市场规模也逐渐扩大，业务更加细分。2019 年国内即时配送的订单总量达 182.80 亿件，年均复合增速高达 73%[15]。即时配送服务对象包含餐饮外卖、商超日用、水果生鲜和鲜花蛋糕等，众多物流、互联网企业也拓展了业务，加入同城配送市场。

在近年来快递业务和同城配送服务的高速发展背景下，城市物流日益呈现小批次、多批量的特征。以 B2C(Business to Customer，企业对消费者的电子商务模式)、B2B(Business to Business，企业间电子商务模式)为代表的灵活、线上的电子商务活动，不仅带来了线上交易的便利，也改变了以往城市物流以物流中心等物流节点为核心进行大批量运输的传统模式，转向以客户为核心的配送需求多样化、碎片化的新型模式。但是快递和同城配送过度依赖有限容量的城市地面道路系统，目前政府也缺乏对快递和同城配送的有效管理手段，企业间竞争加剧，导致以小型电动车为主要运载工具的小批量、高频次的配送活动数量较大，且缺乏统一的管理组织，由此导致的城市交通安全及交通管理混乱等问题日益突出。

物流配送需要新的发展模式。在电子商务及“互联网＋”等新兴经济形式的影响下，居民日常生活消费需求在互联网、物联网、大数据等重点应用技术的支撑下将继续提升，同时支撑消费需求的城市物流配送也亟须在传统配送的基础上探索新的模式，达到供给与需求的平衡，迎合物流配送多样化、定制化需求的发展趋势。

4. 地下空间开发利用急需新的思路

目前，我国的城市地下空间开发处于稳定且持续的增长中。为节约利用城市地面空间资源、减少占用基本农田、保护城市历史风貌、保证城市居住环境质量、维持城市可持续发展等，大规模开发利用城市地下空间为经济有效的手段之一，仍是国内外各大城市化解城市规模持续扩张与城市资源紧缺矛盾、维持城市可持续发展的重要途径。国内城市地下空间开发规模仍有上升趋势，超大、特大城市 2015 年、2016 年和 2017 年的地下空间人均指标分别为 2.07 m^2、2.48 m^2 和 3.14 m^2，历年增幅较大；大中型城市 2015 年、2016 年和 2017 年的地下空间人均指标分别为 1.31 m^2、1.39 m^2 和 1.95 m^2，也呈持续稳定增长趋势[16]。城市地下空间开发是城市发展竖向的延伸，且一般而言，一个城市潜在的可开发地下空间可进行量化，约为城市总面积乘以开发深度所得到的量的 40%，可开发建设的潜力较大，未来地下空间开发总量增长仍是城市发展的必然趋势[17]。

地下空间在城市中主要分担的是公共基础设施的功能[18-21]。从目前城市地下空间开发建设情况看，向市民开放、容纳大量公共活动和交通功能的地下空间类型主要包括地下轨道交通、地下商业文化设施、地下人行通道、地下道路和地下停车库等。地下管线和地下综合管廊等地下空间则主要承担市政基础设施功能，是城市运行的基本功能。

但目前地下空间开发仍存在一定问题。各类地下空间功能结构单一，横向与竖向上不完全连通。对浅层地下空间的开发过多，由于功能未有效整合，利用率较低。另外，地下空间一旦建成将难以改造和重建，针对地下空间利用存在的问题，必须从规划角度研究植入新的地下空间功能，以便更高效地整合现有的地下空间，与新建的地下空间共同建设形成一个综合的、衔接通畅的城市地下空间网络，既可节约建设成本，也可高效统筹利用整体地下空间。

5. 新一代信息技术在物流中的广泛应用

物流产业是含有多个细分行业的复合型产业，互联网、物联网、大数据、云计算和人工智能等新一代信息技术在应用初期，大都选择在物流行业的细分产业。我国众多领先的物流企业在物流各领域已集成了诸多高新技术，形成了成熟的产业应用，快递、即时配送等许多领域的解决方案甚至领先世界。由机器视觉、深度学习等技术担纲的自动驾驶、无人机、无人仓和无人货架等领域已经开始了企业级的应用探索。在新技术革命蓬勃发展的当下，建设面向未来的智慧城市、新型区域，物流领域具有极高的显示度和示范性。

物流领域的智能化、无人化技术蓬勃发展，为以智能、无人为主要特征的地下物流系统提供了必要的技术基础。在物流过程中的储存、分拣、包装和配送等环节，目前已经逐步实现了智能化和无人化技术的应用。

在智能化领域，电商仓储环节出现的一系列问题已可通过现代智能化方案来解决。针对电商企业物流仓库内存在的一些问题，如人工生产效率低下，货物来源及运输去处追溯难，库存量与用户需求难以及时匹配，现可通过报表大数据进行实时分析解决。针对仓库中货物分拨去向，进行货物推荐上架和拣货路径的智能推荐，提升员工的行走效率，并可通过数据分析实现快速精准的批量、高效发货。在仓库流通加工、包装、批量管理、越库操作和订单查询等方面进行智能化灵活管理，大幅提升作业效率。

在无人化领域，无人操作及驾驶设备的应用将是未来趋势。如在末端配送环节，国内完全自主研发的无人机投运快递包裹可实现机身垂直起降、自主规划路线和全自动装卸货；无人配送机器人可进行自动导航行驶、自主规划路径、避障行驶和做出行驶决策，实现末端中小件物品配送。

智能化、无人驾驶技术使物流运输在地下封闭空间环境里能够达到更高的效率，实现人力成本的节约，同时提升物流活动的安全性，是实现地下物流的前提条件。

1.2 研究目的

传统的以地面道路系统为依托的城市物流体系带来的问题日益显现。一方面，在城市物流运输中，货运卡车的通行对城市交通、基础设施、环境和社会等方面均造成了负面影响，随着物流需求量增加，减少这些负面影响越来越成为政府管理的重担，在提升物流效率与缓解交通影响的双重目标下，需要转变物流发展思路。另一方面，城市末端配送需求的兴起导致了新的城市交通问题，对城市基础设施规划、建设与管理提出了新的挑战。从政府角度解决城市物流问题，重点在于规划建设高效的城市物流基础设施。城市地下空间作为城市交通、市政基础设施的主要承载空间，虽然开发量持续增长，但也存在由于各地下基础设施未有效连通、成网率不足，从而导致地下空间资源利用率不高、开发经济性欠佳等问题，城市地下空间与城市物流功能的有机结合可为解决这些问题提供新的思路。

地下物流是一项系统工程，终端选址和运输通道优化是其中的重要研究部分。本书以此为主题展开地下物流在设施布局层面的研究，特别是研究地下空间内部各功能整合优化的方式，从物流系统中核心的物流终端和运输通道出发，探究各类地下空间自身物流功能改造优化方法，以及相互间的物流空间网络构建的理论方法，以期达到城市整体物流效益提升、地下空间网络化及功能复合优化的综合目的。在目前国内外利用城市地下空间进行物流运输方面的理论研究基础上，结合城市实际的物流需求、城市已有的物流基础设施容量和存在的物流运输问题，从综合效益角度评价物流功能地下化的适宜性，从而更科学、系统地从物流规划角度提出合理的解决方案。

1.3 研究对象

1. 城市地下物流系统概念与特点

城市地下物流系统是城市地下交通设施的重要组成之一。它指采用专用的运载工具，通过信息技术，实现货物在地下全自动装卸、运输、分拣、配送的无缝衔接的系统。20世纪 90 年代以来，西方发达国家高度重视地下物流系统，并视其为未来可持续发展的高新技术领域。目前各国发展城市地下物流系统的概念与标准各不相同，但都具有如下特点。

(1) 城市结构与土地利用方面：减少道路、货运站场、停车及配送设施的土地占用，从而减少城市扩张。

(2) 货运效率方面：减少城市货运成本，提高货运服务水平；避免在暴风、雨雪和大雾等气象灾害条件下出现道路拥堵，提供比以卡车为主的城市货运系统更高水平的服务，更加可靠、准时和安全等；适合未来电子商务发展的要求。

(3) 道路交通安全方面：减少由城市货运引起的交通事故的发生。

(4) 城市社会环境方面：减少货运车辆能源消耗及废气排放，降低交通噪声，减轻由各种货运车辆引起的震动。

2. 城市地下物流基础设施构成

城市地下物流基础设施主要分为终端与通道两大部分，终端与通道有机结合形成地下物流网络。

(1) 城市地下物流系统终端。城市范围内的地下物流终端一般由分拨中心和配送中心构成。

分拨中心：作为外埠货运进城枢纽，具有分拨、存储、收发、安检、容器标准化及信息化处理等功能，在区位上一般设置于城市四周、边缘区域，是城市范围内地下物流网络路由的起点。地下分拨中心通过高铁站、机场、港口等区域货运枢纽向上衔接区域物流体系，通常有全地下和半地下两种建设模式，是地上运输转换为地下物流通道运输的关键终端。

配送中心：衔接分拨中心与终端用户，一般设置于地下物流通道之间，是地下物流网络的关键连接点。在功能上提供货物的分拨、装载，进行标准容器到包裹的拆解工作。在空间布局上通常结合地下空间或地面智能终端建设。

(2) 城市地下物流系统运输通道。在城市范围内，以分拨中心和配送中心两级地下物流终端体系为基础，地下物流系统运输通道可分为干线通道和支线通道。

干线通道：功能上，主要用于将货物分配、输送至各地下配送中心；空间布局上，一般敷设于机动车道或道路中央下方、两旁，通常结合地下基础设施修建，共享空间，以达到节约建设成本的目的。

支线通道：主要用于连接配送中心与末端用户，承担货物末端配送功能。水平运输上可利用建筑地下空间，垂直运输上可共享终端楼宇的电梯。载具可利用皮带运输机和智能机器人等无人化运输设备。

城市地下物流系统运输通道层次结构如图 1-1 所示。

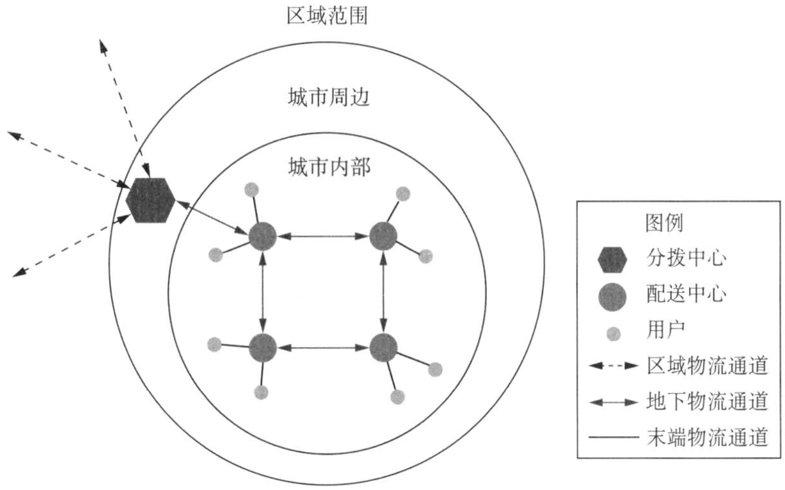

图 1-1 城市地下物流系统运输通道层次结构

1.4 研究范围

本书中的地下物流系统，特指“在城市范围内”，包含所有位于城市地下空间的承载城市物流活动的基础设施，由不同层级的物流终端及运输通道组成的，为物流系统运行提供基础平台的硬件设施。考虑到物流园区因为城市用地限制等因素，一般设在城市外围，故不纳入城市范围内范畴下的地下物流终端体系。

本书中的物流设施有两个配送层级，第一层级为分拨中心到配送中心的城市配送过程，第二层级为配送中心到用户末端的配送过程。城市配送过程的研究重点在于城市地下物流终端体系以及运输通道；末端配送为物流配送的“最后一公里”，研究重点在于配送体系与配送模式。

1.5 研究意义

城市地下物流已逐渐成为城市规划的特定对象。城市地下物流系统具备智慧、快捷、安全、环保等特点，可以增强城市物流配送的快速反应能力，提高城市物流效率和服务水平，将很大程度上解决当前新零售、电子商务的物流“瓶颈”问题。各地新城，如雄安新区、济南新旧动能转换先行区等，均考虑将城市地下物流系统建设纳入前期规划。城市地下物流系统是秉承“创新、协调、绿色、开放、共享”五大发展理念的实际应用，其大规模实施应用对缓解城市空气环境和交通拥堵等“城市病”，推进国家新型城镇化，落实国家节能减排、强化节约资源、保护环境等具有重要意义。

城市地下物流系统逐渐由国家战略支撑，未来将成为城市发展新的增长点。作为国家未来可持续发展的、具有核心竞争力的高新技术，未来城市地下物流系统将对传统的城市物流模式产生革命性的影响。党的十九大报告第一次把物流与水利、铁路、公路、水运、航空、管道、电网、信息并列，纳入国家优先和需要加快发展的基础设施范畴，这预示着党中央在规划新时代经济体系建设中，已经赋予了新时代物流业基础设施战略定位，这是物流业战略定位的一个重大提升，是对物流及物流基础设施发展的重大政策利好，必将影响中国新时代物流的发展，具有划时代影响。地下物流技术将是推动物流发展的新增长点。在我国，应尽早研发城市地下物流系统的核心技术，积极推动项目应用，结合重大工程实践，有助于我国在该领域抢占技术战略制高点，引领国际行业发展。

1.6 研究内容

本书依托已有的国内外研究基础，从城市地下物流系统建设的实际意义出发，系统总结并提出城市地下物流前期研究方法，重点对城市地下物流终端选址规划、城市地下物流通道与相关基础设施整合的前瞻性设计方案进行了研究。全书共分为 8 个章节。

第 1 章:绪论。介绍物流业的政策背景、发展背景,在此基础上总结提出本书的研究目的与意义,明确了研究对象,提出了研究方法与技术路线。

第 2 章:城市地下物流系统国内外研究综述。在明确研究方向的基础上,采用文献研究法,回顾了城市地下物流系统研究的理论基础,主要涵盖城市地下物流系统前期研究、城市地下物流终端选址规划、城市地下物流运输通道优化和城市地下物流系统工程实践的相关研究。通过掌握待研究的突破点,得出所要解决的主要问题及求解问题的方法手段。

第 3 章:城市地下物流系统前期研究。研究了城市地下物流系统前期规划中最为关键的两个部分——城市地下物流系统建设必要性与可行性,城市地下物流需求预测。第一部分主要从物流带来的城市交通问题、城市物流需求、城市基础设施、成本效益权衡和工程技术条件等方面,分析了城市地下物流系统规划建设的必要性与可行性。第二部分梳理了城市地下物流需求中的影响因素、需求分类。

第 4 章:城市地下物流终端选址优化。研究了城市地下物流系统设计中的关键问题之一,即地下物流终端选址。基于城市共同配送的运营理念,提出了由分拨中心与配送中心组成的两级体系结构,并从功能定位、服务对象、服务范围等方面,研究了终端选址的优化理论,包括优化的目标、层级及优化方法等。

第 5 章:城市地下物流运输通道优化。研究了城市地下物流系统设计中的关键问题之二,即地下物流运输通道优化。地下物流的网络结构是运输通道优化的基础,本章列举和分析了物流网络的体系结构和网络形态;重点探索了城市地下物流运输通道与综合管廊、轨道交通和地下道路结合的形式,分析了建设形式的可行性,并系统总结了各建设形式的整合优化特征,再根据设施特性分类讨论了各建设形式的通道。

第 6 章:雄安新区地下物流系统。将前述研究成果应用于雄安新区容东片区,特别针对城市地下物流系统与综合管廊的整合共建模式,形成了雄安新区容东片区地下物流系统方案,包括可行性分析、需求预测、终端选址和运输通道的规划方案,以及末端配送方式、运输设备选型和运输组织方案。

第 7 章:济南新旧动能转换先行区地下物流系统。以济南新旧动能转换先行区为例,研究了城市地下物流与综合管廊、地下道路的整合共建模式,并提出了详细的研究方案。济南先行区地下基础设施规划较为分散,在不同路段,地下物流需结合综合管廊、地下道路等不同地下设施进行设计。本章对城市地下物流通道优化方法在实际中的应用作了进一步补充验证。

第 8 章:研究结论与创新点。对本书主要研究工作与成果、创新点进行了总结。

1.7 研究技术路线

本书的研究技术路线如图 1-2 所示。

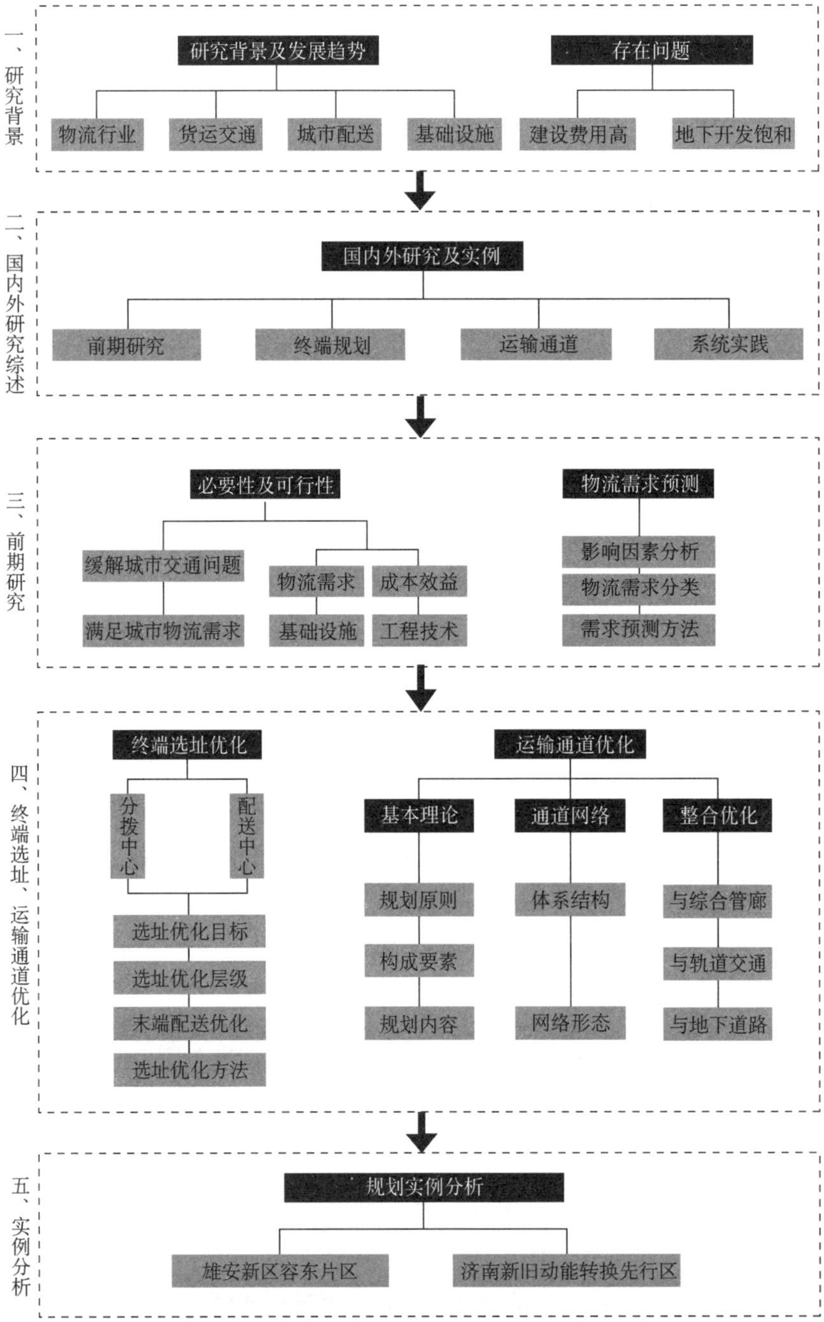

图 1-2 技术路线

第2章 城市地下物流系统国内外研究综述

城市地下物流系统是集成地下工程、载运装备、信息技术以及自动化控制的复杂综合系统。近年来物联网、人工智能、大数据和云计算等信息技术的发展，特别是未来城市地下空间的进一步扩大利用，给地下物流系统未来建设带来新的机遇和挑战。

世界上对城市地下物流系统的研究已历时近 30 年[22]，美国、英国、德国、荷兰、日本等发达国家，以及国内中国人民解放军陆军工程大学、上海市政工程设计研究总院(集团)有限公司和同济大学等已开展了不同程度的理论研究与方案设计，特别在重点研究方面积累了一定的研究成果，如规划实践研究、建设必要性及可行性研究、终端布局方法、运输通道与其他基础设施整合共享研究方法等，为发展城市地下物流系统提供了理论与实践的基础。

2.1 前期研究

必要性与可行性研究是城市地下物流系统前期研究中最基本的研究内容。国内学者从 20 世纪初就对地下物流的必要性与可行性进行了研究。在经济快速发展、城市货运量激增的背景下，地面货运引起的道路堵塞、环境污染等问题突显，通过地下物流解决城市货运交通问题逐渐成为学者研究的新思路。而城市地下物流系统建设成本较高、规划建设经验缺乏等因素使其必要性与可行性研究成为前期规划的基础工作。目前学界已从城市交通问题、经济与技术可行性等方面进行了研究与总结。

钱七虎[23]针对我国目前面临交通拥堵、环境污染等现状问题，在反思交通发展模式弊端的基础上，借鉴国外经验，提出建设地下快速路和地下物流系统的方式，应对城市交通扩张所带来的挑战。

Henry Liu[24]研究了美国纽约市建设地下物流系统的可行性。从 1 m 直径的环形气动胶囊管道(PCP)在日本成功用于水泥厂的石灰石矿和预拌混凝土运输的经验出发,探究了该系统在纽约运用的可能性。重点分析了纽约地下隧道现状、利用PCP运输货物的优势及其运输方式和网络布局。认为可利用该系统代替从港口运送大型集装箱的卡车,将货物运送进城内,解决了卡车进城带来的问题,同时还考虑了建设PCP双线通道来进行集装箱的调度作业。

Vernimmen等[25]初步研究了比利时的安特卫普港地下集装箱物流。比较了传统的集装箱物流运输方式和地下集装箱物流运输方式,认为地下集装箱物流具有更多优势,包括运输准时、运输容量大、运输稳定可靠、运输过程对环境几乎无影响以及能源消耗较少等,并总结了安特卫普港建设地下物流的必要性。

Van Binsbergen等[26]研究分析了地下物流系统的经济性。认为地下物流的速度远快于地面运输,地下物流比地面多了10%~15%的运输容量,地下物流主要运输小型和中型货物。同时,地下物流自动化运行,可减少运输中的人工失误,并通过数据说明了发展地下物流的必要性。

Henry Liu等[27]研究分析了PCP形式的地下物流技术与经济可行性。包括地下物流在纽约市地区间运输邮件和包裹的可行性、在海港与内陆间运输集装箱的可行性、用于运输原料和固体废弃物的可行性等。

孟芳等[28]借鉴了一些发达国家在地下物流系统方面的研究成果,从环境、投资成本、建设方式、运营方式、投融资方式等方面对武汉地区建设地下物流系统的可行性进行了分析并提出了相应的对策。

徐国峰[29]应用工程项目经济评价理论,对地下物流系统的经济性进行了评价,作为地下物流可行性的依据。对地下物流系统建设成本计算、效益计算及经济效果评价进行了详细分类,并从经济效益、社会效益和网络规模三个方面综合评价了地下物流系统。

钱七虎[30]介绍了世界范围内地下空间规划的成功案例,提出地下物流系统的环境、效率、交通等优势,建议在政策机制上进行完善和创新,借鉴发达国家的地下空间建设经验,提出未来需重视涵盖城市地下快速路与地下物流系统的地下交通设施发展。

俞明健[31]通过具体数据指出城市货运带来的城市交通拥堵、环境污染等严峻问题,提出地下物流可解决城市货运问题,并且进一步阐述了地下物流的基本概念及其在城市地下交通体系中的地位和推广应用的必要性。

屈川翔等[32]从地下物流建设的必要性、环境、技术、经济、融资、工程地质条件等方面进行了可行性研究,采用了调研分析、数值回归及系统布局规划方法分析了武汉地区地下物流规划建设的可行性。

2.2　终端规划研究

城市地下物流终端规划是城市地下物流系统中的重点研究内容，物流终端承担分拣、储存、流通与加工等物流活动。目前已有的城市地下物流终端规划研究，主要包含地下物流终端选址的影响因素、选址目标及平面设计等。

黄欧龙等[33]分析了配送中心内运作流程，进入流和发出流的功能设置和内在联系，并根据平面布置的规律，选择 SLP 方法作为平面布局的主要方法，对地下物流配送中心的功能平面布置进行了研究。

闫文涛等[34]描述了城市地下物流终端的意义、功能与特征，建立了双层规划模型并进行了选址分析。其中上层模型考虑供应商的供货成本、总服务成本及终端建造经营成本，下层模型考虑根据终端分配给用户的需求量。

何永贵等[35]建立了城市地下物流终端选址双层规划模型，上层模型考虑了基建成本、仓储成本及运费因素，下层模型考虑了运输距离、服务质量和服务价格，采用混合免疫算法对模型进行了求解。

王曼等[36]根据城市区域货运量及交通拥堵状况将城市地下物流终端分为两级，利用聚类法进行划分并构建了终端选址的双层模型。下层模型以货物的运输成本、终端建造成本最小为目标，上层模型以需求点到二级终端运输距离最小为目标，确定二级终端选址模型，再以运输成本为决策因素，以重心法确定了区域一级终端选址模型。

华云等[37]借鉴城市公交站点、地面物流中心及轨道交通站点的选址因素，结合城市地下物流终端的相关特征，得出地理地质条件、地下空间状况、交通阻抗、物流规模等终端选址影响因素，运用解释结构模型(Interpretation Structural Model，ISM)设计了调查问卷，得到地下物流终端选址影响因素的多级递阶结构模型。

2.3　运输通道研究

1. 地下物流网络系统研究

物流网络系统研究是地下物流系统规划的主要内容，是从物流网络整体出发对运输通道进行的优化调整。目前已有的研究可分为对网络结构及形态的定性研究和对网络优化的定量研究。在地下物流网络功能结构组成、连接方式和规划设计方法等方面，已有较多的研究成果。

马祖军[38]对地下物流网络的系统边界进行了定义，将城市物流系统分为终端子系统和运输子系统。运输子系统通过地面衔接终端子系统，与城市的商户、工厂、仓库、机场和货运站等连接，初步研究了地下物流网络的主要功能与结构。

黄欧龙等[39]探讨了由物流中心、配送中心和网络通道组成的地下物流网络构成，阐述了节点和路线的规划原则，总结了线状、环状、栅格状等网络结构及结构特点，描述了前期分析、节点及网络布局方案设计和方案评估的网络规划步骤。

范益群等[40]认为现代城市垃圾产量增加和垃圾设施处理能力不足阻碍了城市发展，提出了地下环境物流系统规划与设计概念。从收运方式上进行创新，以上海现有环卫设施为地下节点，初步规划了近期浦西及远期涵盖上海市域的地下环境物流网络布局方案。同时研究了运输方式、地下垃圾中转站及成本效益等内容。

李彤等[41]以斯坦纳最小树(SMT)为理论基础，将城市物流需求点抽象为物流节点，研究了地下物流点与点之间通道长度最小的网络优化问题，使用模拟植物生长算法(PGSA)得出最优解，以期最大化地下物流综合效益。

李珍萍等[42]以地下物流网络规划问题为研究核心，研究目的包含两方面，即最小化地面物流带来的交通拥堵影响和地下物流的土建成本，研究的决策变量包括地下物流节点与连接线，以此为变量构建多个目标的混合整数规划模型，得出最优的地下物流网络。

颜冰等[43]根据地下物流货物流量，综合考虑物流园区到需求点的距离和收发货量，在算例中利用聚类算法得出地下物流一级节点的分布及服务水平，并以服务半径和货运量为约束得出二级节点分布。

胡万杰等[44]研究了地下物流节点选址和路径优化方法，探讨了解决城市交通拥堵问题的地下货运 OD 模型。根据模糊 C 均值聚类算法综合确定了地下物流一级节点选址，通过人工免疫算法得出并优化一级节点范围内的二级节点选址，并结合 Prim 算法与 Dijkstra 算法确定了地下物流运输路径，以栅格覆盖对路径进行费用优化，最终得出地下物流网络效能评估指标。

2. 地下物流运输通道优化

运输通道是城市地下物流系统中连接终端之间或终端与外部基础设施(如交通枢纽和货运站场等)之间的线路，是地面物流通道的地下化形式。目前对该内容的研究侧重于模型的构建优化，即以物流运输的成本最低与效率最大化为目标构建模型，并对通道线路进行适当的优化调整。

马成林等[45]认为物流费用和客户服务是通道规划最主要的评价目标。利用客户综合评价与运输距离之间的反比函数，表达差异化的客户服务水平。

穆树录[46]研究了地下物流系统线路规划。基于网络层次分析法，进行了“面”“线”

“点”的分析。“面”的分析基于“图论”中网络的表达方式，以图论符号抽象网络线路构架；“线”的分析则定性分析不同的线网形态；“点”的分析通过集合覆盖模型来求解物流中心选址问题。最后运用面线点层次分析法，对北京市地下物流线路进行了总体布局规划、物流节点的选址求解和节点路径的选择。

周婷等[47]设定了地下物流配送总成本最小的规划目标，目标包括投资成本和时间最小，并以此为基础，构建了地下物流配送线路优化模型，并采用遗传算法求解出最佳路径。

易美等[48]采用货运的四阶段法得到供需节点之间的物流期望线，根据不同节点等级划分出通道等级，建立固定建设投资成本和运营成本最小化模型，求解出总成本最小的路线。

物流功能地下化时，建设城市地下物流专用通道造价较高，但通过共享城市已有地下空间，是一种新的优化思路，可节省建设成本，提高空间资源利用率。因此，城市地下物流运输通道与其他相关基础设施整合共享是城市地下物流规划建设面向实施较为可行的方式之一，对城市地下物流系统研究的内容与思路有较大影响。目前也有相关研究，包括与城市地下轨道交通系统的客货联运的理论、与地铁协作的可行性和协同运作概念系统的研究等。

Jun Kikuta 等[49]提出了使用一种通过特殊设计的运输车辆，有效地利用地铁车厢上空余空间进行货物运输，提出整合运输系统，以日本札幌作为试验地点试运营了一段时间，并通过问卷调查研究确定公众对该运输方式的态度，由此评价该方案的可行性。

史毅飞[50]分析了地铁运营与城市物流的特点，研究了托运方、运货方、城市居民与管理者四者之间的关系，针对地铁存在的停运时间和非客流高峰期，提出了地铁客流低谷和非载客时间区间内的初步可行方案，但只停留在初步设想阶段，同步运营的具体规划与操作层面仍有待研究。

彭玫贞等[51]对比了地下物流系统和地下轨道交通系统的相似性与差异性，说明协作运营的可能性和可能遇到的挑战，其中差异性从实施环境与运营、网络布局和技术系统角度进行了分析。接着对协同运行方式、技术可行性要求、运营管理和效益进行了可行性分析，最后分析了物流系统的协同运营与社会功能风险。

戴冉等[52]考虑地下物流通道与市政管线共享综合管廊廊道空间，提出了该假设条件下配送线路的优化模型。选择了在综合管廊基础上单独修建地下物流通道，以配送时间最短为目标，综合考虑了综合管廊的建设、运营和车辆成本，构建模型从而得到最优路径。

王亮[53]提出了利用地铁作为物流承载工具参与物流运输的设想。以西安为例，通过分析西安的城市发展状态、地铁建设情况和物流产业发展状况，对地铁运输特性、用户接受程度、市场开发前景等进行研究，验证了地铁用作物流运输的可行性，并从经济效益和社会效益两个角度分析了西安地铁参与城市运输后可获得的综合效益。

周芳汀等[54]提出了基于城市轨道交通配送的选点—路径问题。将轨道交通作为城市物流的骨干网络，以货物平均送达时间最小为目标，整体优化了配送中心选址及末端配送的配送路径。并以成都地铁网络为例进行了配送时效分析，认为利用轨道交通作为城市物流的方式，可提高物流配送效率、减少地面交通拥堵。

Walid Behiri 等[55]以巴黎轨道交通网络为研究背景，建立了整数规划形式的列车运营调度模型，以帮助决策者对需要提供物流服务的线路、车站进行科学的选择。

2.4 实践研究

城市地下物流系统的工程实践是应用地下物流系统规划理论，根据不同地区的现状条件，对城市地下物流网络、终端和运输通道等进行的总体设计。国外对城市地下物流的概念规划均有了一定的成果，日本、德国和荷兰等多个国家，已在花卉运输系统、区域性地下物流系统等方面做了相关研究。国内学者针对北京、上海、青岛和雄安等地区，详细研究了地下物流网络方案。但国内外尚未有一个可供借鉴的地下物流建设实施的成功案例。

Stein 等[56]介绍了德国 Cargo-Cap 地下物流系统，认为目前 Cargo-Cap 地下物流系统仅考虑用于城市中心区域间的物流运输，而随着地下空间的进一步开发，地下物流系统的应用范围更加广泛。在未来，货物可通过地下物流管道直接运送到每一户。

郭东军等[57]介绍了北京交通问题背景，提出地下物流与传统运输之间不同的定位及发展要求，建议将地下物流应用于邮政系统。

郭占全等[58]分析了北京市发展地下物流的必要性和实用性，进一步以北京市货运枢纽及配送中心为基础做了地下物流发展规划。

范益群等[59]以中国国家会展中心为研究对象，设计了会展中心的地下集装箱物流系统概念方案，首先通过分析国家会展中心的基本情况和客货运流量，发现会展现状地面集装箱物流对整体交通的不利影响，再以上海世博会及国内外其他大型会展的交通特征分析为参照案例，对货车总量、货车轮候区泊位数和最不利情况下的网络交通需求进行预测，研究了概念方案的总体布置、运载工具、物流园区、运输隧道和会展区、会展区主线隧道与支线关系。

Ashoori 等[60]做了得克萨斯的地下物流概念方案，包括地下物流的规划和设计、建设形式、建设成本、环境影响和资金来源几个方面，方案中确定了货物尺寸、地下物流通道断面、运输工具、技术参数等具体内容，充分证明地下物流可在得克萨斯进行规划建设，并能够有效应对未来物流需求量增长的挑战。

朱良成[61]以青岛西海岸新区地下交通基础设施为研究对象，制定规划目标和策略，对地下轨道交通、地下道路交通、地下公共停车、地下人行通道和地下物流系统进行了空间布局研究，在前港湾区和货运枢纽站构建地下集装箱物流系统，通过集约货物来释放地面资源。

朱洪等[62]分析了上海外高桥港区的港城矛盾，设计了地下物流通道进港、短驳概念方案，并做了成本收益分析。

在概念方案实践中，上海市城乡建设和交通发展研究院、上海市政工程设计研究总院等单位在2017年进行了上海外高桥地区地下物流通道战略规划的研究；雄安新区在2017年、2018年分别成立了一期、二期智慧物流规划研究工作营，形成了雄安新区地下物流的研究成果；以雄安新区开展地下物流研究为契机，武汉长江新城、济南新旧动能转换先行区、郑州航空港经济综合试验区等新区相继开展了地下物流方案的研究。

国外地下物流的应用与研究的兴起时间较早，如19世纪60年代，英国伦敦、德国柏林建设了多条地下邮件运输系统。在近现代科技进步和物流发展趋势下，地下物流在城市配送及集装箱运输等方面的需求日益突显，于是开展了对以新型建造和设备技术为基础的地下物流研究。荷兰在1995年已完成连接Aalsmeer花卉拍卖市场和Schiphol机场、Hoofddorp铁路中转站的OLS-ASH地下物流系统可行性研究；德国于1998年计划在鲁尔区建设从多特蒙德(Dortmond)到杜伊斯堡(Duisburg)的区域性地下物流系统Cargo-Cap，总长80 km；日本东京在2000年研究以两用卡车为无人驾驶运输工具的地下物流系统[63-67]。

2.5 研究现状总结

城市地下物流系统作为一种承载具有自动化、智慧化特征的未来新型物流运输形式，更契合当下数字化、信息化、高效化的智慧城市的发展趋势。物流地下化带来的综合效益，也符合城市发展中创新、绿色、宜居、可持续的长期目标。在必要性及可行性研究方面，早在十多年前，研究学者就针对城市货运交通的增长与城市地面资源紧缺产生的矛盾，提出城市地下物流的解决方案，但受限于当时经济发展水平，信息技术应用也尚起步，城市地下物流的研究一直停留在必要性和对其网络规划的初步探索上。在近几年电商崛起，物流需求量猛增，基于物联网、大数据、人工智能等新科技的智慧城市的发展趋势下，城市物流成为支撑城市经济运行的重要基础设施，而传统物流方式已无法满足新时代的物流发展要求，对地下物流的研究在近几年逐渐被重视，目前已在国内多个重要城市进行了概念规划。

在目前对地下物流已有的可行性研究中，缺乏站在城市规划的角度，从城市本身的社会经济发展条件、交通基础设施条件、市政设施条件等方面对地下物流可行性的研究分析；亦缺乏从地下物流网络的建设成本、规划效益、开发环境和基础技术等实施可行性角度的系统研究。由于地下物流本身建设成本高昂，缺乏这些方面内容的研究，易导致地下物流网络规划的盲目性，从而造成资源浪费。前期条件与实施条件结合，更有助于评价城市地下物流从规划到落地全过程的可行性。

在目前对城市地下物流终端选址的研究中，缺乏从终端体系中不同层级的终端出发进行选址优化的内容，亦缺乏对“最后一公里”城市末端配送终端的研究。在城市物流系统中，终端可分为分拨中心、配送中心等类型，各个终端的服务范围、功能、规模和布局原则等方面均不相同，如缺乏对各级终端在宏观、中观及微观等多个层面的选址考虑，仅从定量层面达到终端选址优化的目标，将造成终端数量规模及选址布局的战略性错误。同时，末端配送是近年来物流配送“最后一公里”的痛点，以共同配送为核心理念，对末端配送终端的模式、设备和体系等方面进行探究，对终端优化有较为重大的意义。

在目前对地下物流运输通道的研究中，缺乏站在城市资源整合角度，对城市地下空间资源整合利用的内容，如与地下综合管廊、轨道交通和地下道路，以及更多类型地下公共空间之间的整合研究。在城市资源紧张的背景下，物流问题往往在大城市中表现得较为严重，而大城市的相关基础设施多较为完善，地下物流运输通道的优化应着眼于对已有基础设施的整合利用，进行与不同地下设施在空间布局上的研究，以期达到高效利用资源的建设目标。

第3章 城市地下物流系统前期研究

城市地下物流系统的前期研究是判断城市地下物流终端与运输通道是否适宜建设的前提，同时也是指导终端选址与通道优化的直接依据。前期研究包括建设必要性、可行性和物流需求三个部分。

在必要性方面，由于城市物流活动频繁，易造成环境污染、物流服务需求供给失衡和地面交通拥堵等城市物流问题，而城市地下物流系统凭借其无人化、地下化和智慧化的优势，可缓解以上问题。

在可行性方面，城市地下物流的规划建设直接受到城市经济发展水平的影响，因此在城市地下物流规划建设过程中，需要从城市宏观发展水平来判断地下物流建设策略的可行性，避免对城市发展造成不必要的负面影响。

城市地下物流的需求则直接决定了终端选址与通道布局的规划基础。通过分析城市地下物流运输的货物类型、运输需求量等，可优化终端数量和空间分布，也可决定运输通道的尺寸与整合方式等。因此，对城市地下物流系统进行前期研究是城市地下物流设施优化前必不可少的环节。

3.1　建设必要性与可行性

3.1.1　必要性分析

随着交通和信息技术的不断发展，生产和消费的分离成为现实，城市物流随之兴起，城市物流伴随电子商务贸易的发展，其需求量急剧增加。为了满足高效的货物运输服务，货车运输成为城市物流的主要方式，但货车具有占用城市道路空间资源的比例大、载重大、周转次数多和使用频率高等特点，容易造成交通事故和污染环境。此外，近年来我国城市规模日益庞大，城市人口激增，有限的道路资源已经不能满足城市汽车保有量、货运量和快递量日益增长的需求，道路交通运输网络面临的容量瓶颈亟待解决。2019 年荷兰导航经营商 TomTom 发布的全球最拥堵城市排名中，中国的重庆、珠海和广州等十个城市排名世界前三十[68]。城市的交通拥堵，不仅影响经济的发展，其产生的环境污染和噪声危害等次生灾害也严重影响城市居民的生活。因此，提高物流运输能力，满足未来城市物流需求的激增，并缓解货运对城市交通的负担，是维持未来城市发展的重要举措之一。

城市地下物流系统已成为目前支撑城市物流运输、缓解城市交通和有效开发城市地下空间等方向的重要切入点，逐渐被许多国家重视。在目前的城市发展策略中，建设城市地下物流系统已逐渐成为各大城市一项重要的战略选择。因此，有必要探寻城市物流运输发展的新途径和新思路。

1. 地下物流是解决交通拥堵的新思路

进入 21 世纪，城市化进程不断加快，人民生活水平不断提高，大量人口涌入城市，在经济繁荣的同时，汽车保有量不断增加，致使城市道路拥堵不堪、交通难堪重负。交通拥堵问题已经成为制约我国大型城市发展的重要因素，给社会发展造成了巨大的损失。据统计，仅从纯经济角度看，我国交通拥堵带来的损失占城市人口可支配收入的 20%，相当于每年国内生产总值(GDP)损失 5%～8%；而且研究表明，国内“时走时停”的交通导致的原油消耗占世界总消耗的 20%，这导致了能源的极大浪费[11]。

由于国民经济的不断发展，社会物流的需求也进一步增加，这导致城市交通中的货车不断增多。货运车辆一般体积较大、载重时行驶较慢，车流中如果混入重型车，将明显降低道路的通行能力，极大地占用道路资源，加剧了城市交通拥堵。

由于城市交通问题的复杂性与持续性，很多城市一直未能跳出“交通拥挤—建设新路—车辆增加—再度拥挤”的怪圈。实践证明，单纯靠道路容量扩张的传统模式，很难满足快速增长的城市交通需求，因此迫切需要一种创造性的解决措施。此外，在有限的土地资源、能源、水资源和环境资源下，如何使交通运输系统满足不断增长的城市交通需求，实现城市的可持续发展，是我国未来城市交通发展必须解决的重大问题。发展城市地下物流系统作为缓解交通困局的新思路，已受到了世界各国的关注。地下物流系统作为一种新型的运输模式，充分利用地下空间，占地面积小，应用地下物流系统将部分货物转到地下进行运输，能够减少地面交通量，有效缓解城市交通拥堵，并且可以减少城市的交通事故率。

2. 地下物流可有效缓解城市环境污染

货运车辆是城市交通工具的重要组成部分。货物运输的发展极大地影响着城市交通的运行，虽然城市货运车辆总占比较小，但将其换算成标准车辆以后，货运交通量可占据城市日常交通量的 40%[23]。货运车辆是城市环境污染的重要来源，世界经济合作组织 2003 年发布的《配送：21 世纪城市货运挑战》指出，货运车辆对城市环境的污染占污染总量的 40%～60%[70]。城市货运交通对环境的影响包括大气污染、噪声污染和生态景观破坏等。

(1) 大气污染。

城市空气中的污染物主要来自交通工具在运行时产生的废气，其对环境及人体危害较大。其中，汽车尾气中细颗粒物的排放直接导致了雾霾现象。特别是大城市中的汽车，数量规模较大且布局集中，排放的污染物能直接侵袭人体的呼吸器官，对人体健康产生较大的危害。汽车排放的废气主要有一氧化碳、二氧化硫、氮氧化物和碳氢化合物等，前三种物质危害性较大。大气污染来源如图 3-1 所示。

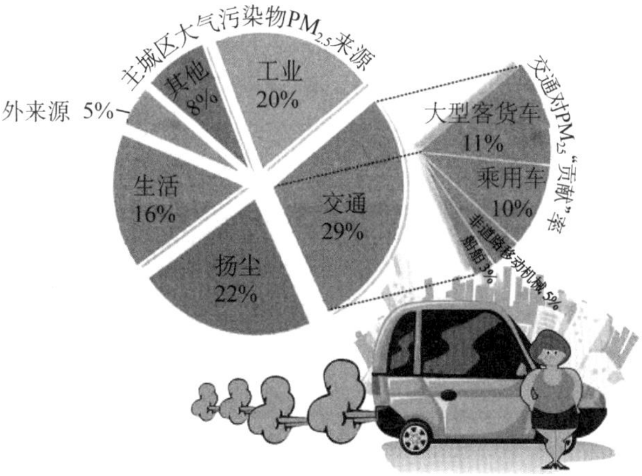

图 3-1　主城区大气污染 $PM_{2.5}$ 来源

(2) 噪声污染。

城市道路的噪声污染已成为影响各国城市发展的共同问题。城市噪声主要来源于交通运输，机动车在市内交通干线上运行时产生的噪声是现代城市的重要公害。2011 年世界卫生组织和欧盟合作研究中心发布的《噪声污染导致的疾病负担》指出，交通噪声主要来自汽车鸣笛噪声，城市公交大客车和大货车的行驶噪声是仅次于鸣笛噪声的第二大交通噪声源[71]，各类机动车辆最大噪声范围如表 3-1 所示。

表 3-1　各类机动车的最大噪声范围

机动车类型	最大噪声范围/dB
重型载重汽车	87～93
中型载重汽车	86～91
轻型载重汽车	84～90
公共汽车	86～90
小客车	80～85
摩托车	84～91
拖拉机	85～92

由表 3-1 可知，货运载重车辆的噪声处于一个比较高的水平。

(3) 生态景观破坏。

随着城市发展范围的不断拓展，为解决交通拥堵问题、满足不断增长的物流需求，城市生态景观正在被不断破坏。随着城市道路网的加密和延伸，城市郊区的公园、绿地和农田不断被蚕食，植物覆盖率降低，容易造成水土流失，生态链和生态条件遭到破坏，使得已经失衡的城市生态环境进一步恶化。

同时，城市的不断延伸也破坏了城市独特的历史文化环境。我国绝大多数城市都保留有历史和人文景观，为缓解交通拥堵而对现有的地表交通网络进行扩张，易对历史文化建筑造成破坏。如今的城市发展规划，面临着城市历史和人文景观的保护与城市化发展的矛盾，城市物流设施的规划应力求减少对城市历史文化的影响。

以货运为主的物流形式，对城市环境和景观造成了损害，降低了城市的宜居性，影响城市自身经济的可持续发展。首先，地下物流系统位于地下空间，能减少货运交通对地面资源的占用，减轻对生态环境的破坏；其次，地下物流使用电力等清洁能源，能有效缓解对城市环境的污染，提升空气质量；最后，地下物流也是实现城市可持续发展要求、发展绿色低碳经济、构建绿色城市的重要途径。

3. 地下物流能满足未来的城市物流需求

随着城市化进程的不断推进，未来我国人口仍然将快速向大城市集中，城市的物资供应、市民消费品的配送以及各类商务物品流转的快速增长，让已经达到极限的传统物流方式不仅无法保证城市进一步发展，还面临环境污染、能源紧缺等一系列难以克服的问题。为使我国大型城市走可持续绿色发展和低碳经济之路，未来城市物流系统的生产及管理模式将面临重构。

21 世纪是电子商务的时代，自 20 世纪 90 年代以来，伴随着互联网的日益普及，电子商务的应用呈现高速发展的趋势。据第 46 次《中国互联网络发展状况统计报告》统计，截至 2020 年 6 月，我国网络购物用户规模达 7.49 亿，较 2020 年 3 月增长 3 947 万。生鲜电商、农产品电商、跨境电商、二手电商等电商模式正在保持较快发展，用户规模分别达到 2.51 亿、2.48 亿、1.38 亿和 6 143 万[72]。

电子商务的迅速发展，大大缩减了交易时间和交易成本。当前，全球电子商务总交易额正以 10 倍的速度增长，已经成为全球经济新的亮点和现代商贸发展的新趋势，未来潜力巨大。电子商务快速发展带来了对物流配送的巨大需求，但目前物流供给明显落后于消费需求，现有物流服务无法满足消费者的期望，跟不上电子商务发展的需求。这个问题在近些年的“618”“双 11”购物节显得尤为突出，传统的物流配送模式已成为我国电子商务发展的瓶颈。

物流是电子商务的重要组成部分，地下物流基础设施的建设是促进电子商务发展的有效途径。为突破电子商务发展的瓶颈，需尽快建立信息化、自动化、网络化和社会化的高效物流体系，加强新型物流基础设施的规划和建设。城市地下物流系统将地面物流系统逐步向地下不同层次转移，以高效、智能、环保的货物配送方式，降低配送成本，缩短配送时间，提高配送系统的快速反应性能，大大提高物流系统的运转速率和效率，能实现全天候不间断货物运输，并且不受雨雪冰雹等恶劣天气的影响。优化发展城市地下物流系统，可适应电子商务的发展，满足未来的城市物流需求，贯彻低碳经济的发展思路。

本书研究的城市地下物流系统是指位于城市内部，通过地下管道或隧道运输货物的运输和供应系统。它具有高度自动化、智能化、无人化特点；不占用地面道路，可减轻地面道路的交通压力，从而缓解城市交通拥堵；运输采用清洁动力，有效减轻城市污染；不受外界条件干扰，运输更加可靠、高效。城市地下物流系统的建设与应用能缓和城市交通、城市社会、空间资源和城市环境之间的矛盾，可促进城市交通的可持续发展，协调城市系统间关系的新型交通运输系统，对我国未来城市经济绿色发展、构建生态交通、提升人民生活质量具有重要意义。

3.1.2　可行性分析

城市物流系统在城市经济中具有重要的地位，为城市经济的一个重要子系统，将直接影响城市经济发展水平。规划城市地下物流系统，需要从城市宏观发展水平来判断地下物流建设策略的可行性，避免对城市发展造成不必要的负面影响。例如，在对城市经济发展水平认识不完全的情况下，超前规划建设地下物流，则可能造成利用率低、资金及城市空间资源浪费、地下物流网络与现有城市物流网络衔接不畅等问题。本书将从城市物流需求、城市基础设施、成本效益以及工程技术条件等多方面来研究分析城市地下物流规划建设的可行性。

1. 城市物流需求

(1) 物流需求规模。

物流需求规模越大,建设地下物流网络的必要性越强。城市经济发展水平越高,城市规模越大,则经济活动间产生的物资交换将越频繁。物流作为联系城市经济活动的主要流通形式,其需求量受经济活动的增强而提升,城市对物流服务的要求也将随之提高。对于时效性强、规模集中的物流需求点,往往可供物流使用的地面空间资源较为紧张,仅通过传统地面物流很难满足其服务要求。而地下物流网络凭借其地下化、无人化、自动化、独有路权的特性,可为物流需求集中点提供高效率、高密度的物流配送服务,提升城市物流的整体效率,应对物流需求规模日趋增大的挑战。

(2) 物流需求特征。

在城市规模、人口密度等因素对物流需求产生主要影响的背景下,城市经济产业结构也对城市的物流需求特征产生一定的影响,从而影响地下物流的需求特征。一般来说,以第三产业为主导产业的城市更适宜建设城市地下物流系统。

以第三产业为主导产业的城市,流动要素以人和信息为主,由此产生的货物流通需求主要集中在居民日常消费品。这类城市范围内的物流需求具有小批量、高频次的特点,适宜建设城市地下物流配送网络。

以第二产业为主导产业的城市,货物运输对象主要为生产原材料,具有运输量大、货物形态随机的特点,物流需求更多体现为跨区域运输形式,城市地下物流系统较难满足该类需求。

以第一产业为主导产业的城市,地下物流网络建设必要性不强,但针对物流时效性要求较高的鲜花、生鲜等货物的跨区域运输需求,可在城市重要交通枢纽间建设专用的地下物流网络,以快速集散货物。

2. 城市基础设施

(1) 城市物流基础设施。

城市现有基础设施的完善程度也是决策是否发展城市地下物流的重要因素之一。物流终端体系越丰富,包含的终端类型越多,如物流园区、分拨中心和配送中心等,则地下物流网络更能形成完整的网络层次,更能提升物流服务水平。物流终端在城市中的空间集中度越高,终端间更易产生网络化联系,形成地下物流网络。在一般情况下,城市物流基础设施缺乏、布局分散，如综合管廊、地下道路等基础设施线网规划单一，不成网络，则地下物流很难发挥规模效应，建设必要性不强。

(2) 城市地下基础设施。

目前，在对城市地下空间进行大规模开发的城市发展趋势下，城市现有地下基础设施的种类与开发规模、利用程度也影响城市地下物流的规划建设。城市地下空间类型包括城市地下道路交通、地下轨道交通、地下综合管廊、地下人行交通、地下停车系统和地下公共服务空间等。城市地下空间种类越多，越能通过不同种类地下空间之间的共享整合，有效加强空间之间的连通性，地下物流网络越能形成等级层次分明的通道体系。例如，利用线网覆盖率较大的综合管廊网络作为城市地下物流干线，利用地下车库空间及车库间联络道作为城市地下物流支线，干线与支线共同形成快速连通的城市地下物流网络体系。

地下空间的开发规模也决定了城市地下物流的服务水平，开发规模越大，可供地下物流利用的空间也越多，能够提供的运输能力也越大。

3. 成本效益

城市地下物流的经济适宜性，是其建设的核心决策依据。需根据城市财政实际可支付能力，对项目的工程经济成本和效益进行对比评价，从而规避盲目决策造成的经济损失。

(1) 城市地下物流成本。

城市地下物流的成本主要包括建设成本、设备成本和运营维护成本。

建设成本包含地下物流的通道施工费用和终端建设费用，分为地下物流与现有设施的整合共享、新建地下物流网络两种情况，所对应的通道施工及终端建设又分为改造与新建两种形式，各形式的建设成本不同。

设备成本包括各类物流终端内分拣、库存、信息等设备费用，无人车、配送机器人、运输车辆等运输设备费用以及研发、信息平台等软件设备费用等。

运营维护成本包括场地租赁、人力、电力、修理维护、耗材、管理、折旧费和资金成本等费用。

目前，城市地下物流研究的成本大多考虑建设成本，而物流作为社会运营、环节复杂的经济活动，各物流过程中的详细设备、运营维护成本也应纳入总体成本。通过分析城市地下物流方案的成本，对比城市发展建设的政策方向及支出预算，可形成对项目的成本预期，用以决策是否适宜建设城市地下物流网络。

(2) 城市地下物流效益。

城市地下物流的效益可分为经济效益、社会效益和环境效益。

① 经济效益。

经济效益是货物通过地下物流运输带来的直接与间接收入。直接收入由货物运输运价[单位:元/(t·km)]、货物运输里程(单位:km)与货物质量(单位:t)共同确定,不同货物类型如零担、快递、即时配送、物资回收等的运输单价均不同。

间接收入则体现在地下物流提升运输效率所节省的成本、减少地面交通拥堵获得的效益、减少交通事故产生的经济损失费等;同时也包括参与地下物流系统各方(如政府、物流企业、生产企业及城市居民等)利益的协调而减少的成本。

② 社会效益。

社会效益则体现在地下物流可提升物流运输效率,带动城市经济发展,也为电子商务等新兴商业模式提供支撑;同时,地下物流可减少地面货车带来的交通拥堵和环境污染等负面影响,使居民感受到日常城市出行、生活环境品质的提升。

③ 环境效益。

环境效益则是对地下物流带来的环境正面影响的价值评估,一方面是地下化的物流运输减少了地面空气污染,通过一定的手段节约了对碳氧化物(CO_x)、氮氧化物(NO_x)、碳氢化合物(HC)等环境污染物的治理费用,提升了环境质量;另一方面是地下物流运输工具全部采用清洁能源,以电能为主,能降低对传统能源的消耗成本。城市地下物流的环境效益包含环境污染物的治理费用和传统能源的消耗成本。

环境效益可通过定量化的节约的环境治理成本来衡量。已知常见污染物的排放量、货车车辆数、货车行驶里程和治理污染物排放的环境成本,可得出环境污染物的治理费用,即城市地下物流的部分环境效益。常见污染物排放量及治理成本如表 3-2 所示[73]。

表 3-2　　常见污染物排放量及治理成本

污染物类型	CO_x	NO_x	HC
污染物的排放量/[g·$(veh \cdot km)^{-1}$]	12.7	7.2	1.9
治理污染物排放的环境成本/(元·kg^{-1})	0.3	8.3	6.7

此外,环境效益还可通过能源消耗成本来衡量。经统计,中国城市每辆小型营运车辆平均能源消耗为 12 L/百公里,单位成本则可取当前小型营运车辆的实时油价(例如,2019 年 6 月,92 号汽油油价为 7.09 元/L)计算,已知中国城市小型营运车辆平均能源消耗、汽油的实时油价、货车车辆数和货车行驶里程,可得出传统能源的消耗成本,即城市地下物流的部分环境效益。环境污染物的治理费用和传统能源的消耗成本相加可得到城市地下物流的环境效益。

考虑到城市地下物流建设成本较高,经济效益短期内较难覆盖成本,而规划建设城市地下物流可带来环境质量提升、地面交通畅通等积极效益，这些间接的经济效益也可定量测算，便于直观评价，定量测算方法需进一步研究。因此，需综合考虑经济、社会、环境三者效益，用以决策是否适宜建设城市地下物流网络。

4. 工程技术条件

城市地下物流网络的工程建设难度大，建设周期长，更需要对工程技术条件加以评判，尤其城市工程地质条件、城市基础设施工程条件，是建设城市地下物流网络的决定性因素。

(1) 城市工程地质条件。

城市地下物流采用建设独立通道形式时，需考虑城市自身的地下资源条件及施工技术方法。城市自身的地下资源条件主要考虑工程地质条件，如地基承载力决定地下物流的建设深度，地层岩石的种类影响地下物流施工的难易度，同时需避开滑坡与崩塌、冲沟、地震等自然灾害频发地区。在施工技术方法上，根据城市地下资源条件的特点，综合考虑工程规模、施工环境等因素，选择较优的技术施工方案(如明挖法、暗挖法、盾构施工法和掘进机施工法等)。

(2) 城市基础设施工程条件。

城市地下物流采用与其他地下基础设施共享通道的形式时，应减少物流功能对其他基础设施日常运行产生的影响，互利共赢。

① 城市地下物流结合综合管廊建设的情况。宏观层面上，需考虑综合管廊线网覆盖率能否满足物流需求发生点，物流网络与综合管廊网络能否相对吻合。微观层面上，需考虑管线舱与物流舱可能发生的合建问题，例如管线与物流平纵是否彼此协调，物流流线与管线出线是否发生矛盾，建筑、消防、通风、检修等标准能否统一等。

② 城市地下物流结合城市轨道交通建设的情况。需考虑物流仓库与物流作业区对现有场段及车站设施改造的影响。同时，综合分析轨道交通的货物运载量、作业时段等与物流需求的供需关系，用以评价地下物流方案是否适宜和必要。

(3) 技术条件。

城市地下物流是集成地下工程、载运装备、信息技术及自动化控制的综合性系统。城市地下物流的实施需要城市规划、交通、智慧物流、工程结构、重大装备及智能控制等多专业学科合作交叉，联合攻关。

盾构等非开挖技术、深层竖井、穿越技术等复杂地下工程技术的不断突破，使得在地下深层空间建设大型交通基础设施成为现实，这为在相对深层建设地下物流基础设施提供了技术保障。

载运装备技术不断成熟，在速度、体积、载重能力、燃料制式等不同方面均有多种运输装备可供比选；自动化、无人技术逐步发展，无人仓、无人机、无人车等无人化设备快速发展并已投入实际生产运营，这为地下物流实现无人化运输、配送提供了技术支撑。

互联网、物联网、大数据技术等新一代信息技术为地下物流智能化创新发展提供了技术支撑，可进一步实现地下物流数字化的发展。

3.2 物流需求预测

地下物流需求预测是城市地下物流终端选址和通道规划的前期基础。城市地下物流系统规划应保证需求量与供给量互相匹配，因此需求预测的结果直接决定了地下物流终端、通道的规模与布局。

地下物流需求预测是在对城市发展背景条件进行分析的基础上，结合城市地下物流的特征，预测城市特征年货物的种类构成、货运量和空间流向等。需求预测包含城市总体物流需求预测和城市地下物流需求预测两部分。在城市地下物流建设可行的背景下，根据城市建成程度(分为新建与已建两种类型)的不同，其需求预测的研究内容存在较大差异。

国内规划中的新建城市或地区，主要代表为国家级新区——雄安新区，以及其他新城如武汉长江新城、郑州郑东新区、合肥滨湖新区等，均体现出在城市产业、人口、基础设施等条件方面的一致趋势，物流需求规模更为集中，物流需求类型更为繁多，同时也因为新建城市的发展模式不同于已建城市或地区，对物流需求预测的方法与准确性提出了新的要求。

3.2.1 影响因素分析

1. 城市产业结构

城市产业结构趋于第二、三产业主导，物流需求将大规模增加。城市的产业结构演进，符合产业结构演进理论的优势比重变化趋势，即从第一产业向第二、三产业演进。

对于以第二、三产业为主导产业的城市，其物流需求类型将涵盖更多的高端高新产业，包括信息技术产业、新型材料产业、现代服务业等数字化、智能化、网络化的高端生产及服务产业，侧重于对传统产业的改造提升。

高端高新产业对低附加值产品、原材料的依赖较少，对物流信息的需求不断增加，物流需求的特征逐渐向专业化和综合化转变。随着产业的高端化，高层次的物流服务需求也将逐渐替代传统的物流需求，在物流过程中，对运输、仓储的需求降低，对数量和质量要求较高的包装、配送和流通加工等物流服务的需求则相应增加。

2. 城市人口特征

(1) 人口规模。

物流需求规模与人口规模、人均物流量直接相关，人均物流量又与人均快递业务量直接相关。规划地区的物流需求量可由人口规模与人均物流量相乘得到，尤其在缺乏物流历史数据的城市新区，可对标产业结构相似的城市人均物流量，结合规划年人口规模，得到相对简单的物流需求预测量，作为城市物流需求预测的依据。

对于新建城市而言，当城市发展以高端创新驱动的第三产业为主时，需要大量的技术性人才支撑。为吸引外来创新人才，这些城市将施行便捷的人才引进制度，包括住房、户籍、养老、税收等，政策的吸引力带来人口规模的增长，其物流需求总量也将持续增长。

(2) 人口年龄结构。

人口年龄结构中的年轻人口是带动城市消费的主力军，年轻人口比例较大程度影响城市物流的需求类型。

在人口年龄结构上，以深圳为代表的创新、高端新区，通过人口政策利好吸引的创新人才年龄结构呈现年轻化，其中 15～64 岁的人口占总人口的 88%，65 岁以上的人口占总人口的 2%[74]。人口结构的年轻化带来城市消费特征的明显转变，因此直接服务于居民消费的生活性物流需求正在逐渐增加。

(3) 人口消费结构。

随着互联网、电子商务的发展，线上支付已成为最主要的支付方式之一。

在消费结构转变上，新建城市中以年轻群体为主的消费升级现象逐渐增多。年轻人受教育水平普遍较高，人口就业结构以高端制造、金融、互联网、科研和总部经济等高端高新产业等高附加值产业为主，整体平均收入水平较高，消费趋势倾向于高端高品质、信息智慧化和服务型特征，因此物流需求种类将以日常消费品为主，物流服务需求也体现出向城市配送的小批量、多批次转变的趋势。

3. 城市物流基础设施

在空间资源中，城市物流基础设施的建设程度是影响物流需求的重要因素。新区有充足的空间资源及更完善、更理想化的物流发展建设目标，物流基础设施的规划根据新区产业经济发展趋势，通过对未来客货运交通量的科学预测，为城市未来物流需求预留了充足的提升空间，能很大程度避免在物流基础设施使用过程中，物流企业对资源的竞争、与客运的交叉矛盾导致的服务水平降低情况，如可避免由交通拥堵造成的交货延迟和由设施安全性低导致的货物破损与丢失等，从而提升物流的货物周转流通效率。物流企业可通过优质的物流基础设施提供更为专业的物流服务，降低商品库存，提升周转率，节约物流成本，带来更多的盈利，可促进各产业间的生产协作，有助于地区经济发展，而地区经济发展水平又将带动物流需求量的进一步增长。

城市新区作为改革创新的试验点，互联网、物联网、大数据、云计算、人工智能等新一代信息技术的先期应用大都发生在物流行业，也将推动物流基础设施的智慧化。物流基础设施的智慧化能增强资源配置能力，带动区域物流技术和运行模式创新，整合和促进供应链变革，着力提高产业协同化水平。这将极大提升物流服务质量，同时也将刺激扩大物流需求规模。

3.2.2 物流需求分类

1. 产业结构与用地性质

从城市整体经济产业结构的构成出发，以第三产业为主，居住用地与商业用地占比较大的城市，其物流需求以消费型为主，主要是满足城市内部居民日常生活的社会消费品。产业结构以第二产业为主，工业用地与商业用地占比较大的城市，其物流需求则以生产型为主，包括发展高新产业所需的高端设备仪器等。

2. 运输方式

一般城市物流运输方式包括铁路运输、公路运输、航空运输、管道运输和水路运输五种，以这五种运输方式的货运量作为城市总体物流需求量的研究基础。不同运输方式也对应不同的物流运输需求，其中货物本身性质，如货物的质量、体积、形态、包装、装载容器和附加值等，是运输方式选择的重要影响因素。货物的运输条件，包括运输距离、跨越行政区、运输成本、温度要求、运输时间和运输安全等，也是运输方式选择的考虑因素。在城市地下物流中，运输方式应综合考虑运输货物的性质、运输通道的建设成本以及运输服务水平的要求。

3. 商品类型

生产型物流需求以大宗货物运输为主，包括以煤炭、金属、矿石等为代表的散装货物，以化工产品、石油产品等为代表的罐装货物，这些货物存在批量大、体积大、质量大等性质，亦具有易燃易爆等危货属性，不适宜地下物流运输。

消费型物流需求中按商品类型可分为农副产品（粮食、蔬菜、果品、畜产品、水产品、其他）、家居用品（家具、床上用品、厨卫用具、室内配饰等）、快速消费品（包装食品、烟草、饮料、个人卫生用品、日化用品等）、3C（通信、计算机和消费类电子产品等）、办公用品及家电、图书报刊（含党报党刊和机要通信）等，较适宜用地下物流运输。

4. 货物形态

实际物流活动中，不同形态的货物在分拨、收派及运输中的处理流程方式不同，为进一步准确预测分拨中心、运输通道、末端网点的流量规模和用地面积指标，根据快递、快运企业产品质量分类，可将物流需求品类按照单件货物形态作如下分类：小件（小于5 kg）、大件（5～30 kg）、超大件（30～300 kg）、整批或特种货物（大于300 kg）。地下物流在考虑了运载工具的承载能力、运输通道的限界等条件下，确定适宜用地下物流运输的货物类型主要为小件（小于5 kg）和大件（5～30 kg）。

5. 配送对象

物流企业根据物流电子交易的对象，借用电子商务交易中的概念对物流需求进行了分类，包括B2B，B2C，C2C（个人与个人间电子商务模式），O2O（线上线下交易一体化）等。根据实际物流运输的物流量占比，物流需求以B2B与B2C为主，即以从生产企业、物流园区至大型/小型商户的零担物流需求和从生产企业、物流园区至消费者的快递物流需求为主。因此，根据物流活动对象，结合商品类型和单件货物的形态，可将物流需求分为B2B和B2C两大类，地下物流可运的详细的产品分类如表3-3所示。

表3-3　地下物流对象分类

类别	3C	快速消费品	农副产品	家居用品	办公用品及家电	图书报刊
小于5 kg	√	√	√	√	√△	√
5～30 kg	√△	√△	√△	√△	√△	√

注：√满足B2C需求，△满足B2B需求。

根据城市地下物流规划适宜性分析，适宜规划建设地下物流的城市有较明显的特征，如物流需求时效性强、物流需求量大且集中、以第三产业为主、地下基础设施线网成网性较好且实施的工程技术条件较好。基于适宜性分析结论和物流需求的类型，可得到城市地下物流适合载运的货物特征如下：在产业上以消费型货物为主；商品类型包括农副产品、家居用品、快速消费品和3C等；且货物形态以小于5 kg的小件和5～30 kg的大件为主；货物的配送类型包括B2B与B2C两大类。

3.2.3　需求预测方法

城市地下物流网络的规划周期较长，物流需求预测跨越年限较大，在较长的物流发展过程中，从外部条件来看，突发的因素比如经济政策、政治改革等会给物流需求带来不可预测的影响。因此，物流需求量的预测具有不确定性。从内部条件看，物流需求的不确定性也体现在物流需求分布的时间、空间上，物流需求因城市建设阶段、经济发展阶段、销售的季节性等因素的变化会产生时间、空间上的波动，通过分析足量的物流需求历史数据的规律性才能够得到物流需求的规律变动特征，以此准确推导出未来的物流需求。此外，在特殊情况下，物流需求易产生突发性的波动，则需要通过误差进行修正[75]。

在有较完备物流需求历史数据的城市建成区，可通过数理方法定量地获得城市一般性的物流需求波动规律，再结合物流需求的变化趋势和可能出现的不确定状况，采用定性方法对物流需求进行预测修正。

由于地下物流工程基础要求较高，更易于在新区实施，但城市新区现状土地利用程度极低，多为城市郊区，一般无产业经济基础，缺乏物流需求历史数据。而新区城市发展产业定位强调改革与创新，普遍与城市建成区产业定位差异较大，新区依托的城市建成区物流需求历史数据参考性不强。因此，不能直接应用依赖于历史规律的需求预测思路，需要类比与新区产业战略定位相似的国家新区案例数据，根据新区自身的产业、用地、人口规模等进行指数的调整。该预测方法称为“类比预测法”。

类比预测法通过选择与预测地区的城市发展定位、经济产业结构、人口规模等影响因素相似的类比城市，根据类比城市的物流业发展情况来预测未来物流需求量。类比预测法并不是照搬对标城市的历史数据，在预测过程中通常需要根据预测城市的背景，引入主观性调整。主观性的调整可涵盖如下几个方面：

(1) 在预测人均物流量时，可通过参考全国性或对标城市的细分人均指标，对应预测地区的物流需求特征，以提升预测的准确性。可参考的人均物流量类型包括人均日膳食需求量、基础农产品加包装量、人均垃圾产生量、人均装修建材及家具家电量、人均公共环境物流需求量、日常生活用品及城市公共资源所产生的人均物流量等。

(2) 在预测城市 B2B，B2C 物流需求量时，可假定 B2B 部分均为线下销售模式，B2C 部分均为线上销售模式。依据行业经验和我国一线城市网络零售消费总额占总零售额的比例，预测物流需求地区的线下、线上消费品零售总额占比，得出近期、中期、远期的 B2B，B2C 物流需求量。

(3) 在预测城市不同运输方式时，需考虑城市发展政策对预测地区重大交通枢纽的建设影响、区域现状交通条件及对生态环境保护的要求等，在公路运输、航空运输、铁路运输、管道运输和水路运输中，预测未来可能的几种物流运输方式。再参考当前国家各类运输方式的运输比例、规划发展方案及国外各运输方式的现状，结合预测城市的产业结构，预测各运输方式近期、中期及远期的运输量占比，进而预测各运输方式的物流需求量。

(4) 根据居民的消费习惯及消费趋势，物流需求种类可进一步细分，根据物流枢纽、货物种类、物流服务、运输容器等方面的不同要求，可将物流需求分为冷链物流、国际物流、快递业务和零担货运等类别，通过对标各物流分类需求相似的城市物流需求数据，预测未来的各类物流需求量。

3.3 本章小结

本章对城市地下物流系统前期研究中最为关键的两个部分——建设必要性与可行性、物流需求预测进行了研究，这是开展后续城市地下物流终端选址及运输通道优化研究的前提。

城市地下物流建设必要性与可行性的分析，是决定是否开展城市地下物流设施建设的决策性依据。在必要性方面，从城市目前面临的问题出发，探讨城市地下物流建设的必要性，地下物流的地下化、绿色化特征，可缓解城市的大气、噪声污染和生态景观破坏等问题；地下物流全天候、快速反应的运输能力，可满足电子商务带来的快速增长的物流需求；地下物流利用地下空间，以小体积的运输方式，可分担城市货运压力，缓解城市交通拥堵。

在可行性方面，从城市物流需求、城市基础设施、成本效益以及工程技术条件四个部分对城市地下物流规划适宜性进行了综合分析。城市物流需求由城市经济发展水平与城市经济产业结构决定，地下物流需求也以此为基础；城市物流基础设施与地下基础设施提供了城市地下物流建设实施的物理空间；地下物流成本与效益的评价是政府层面对于是否建设地下物流的核心决策依据；工程技术上的难度则需与其他三个部分进行综合权衡。

地下物流需求预测是对后续城市地下物流终端与运输通道进行规模、布局等优化的依据。城市产业结构、人口特征和物流基础设施是确定城市物流需求分类及预测方法的重要影响因素，在预测方法选择上，对于物流需求历史数据完善的城市，可采用时间序列分析法、回归分析法等定量方法；对于物流需求历史数据缺乏的城市，则可以采用结合定量与定性方法的类比预测法。

第4章

城市地下物流终端选址优化

基于城市共同配送的运营理念,本章建立了由分拨中心与配送中心组成的两级体系结构,并从功能定位、服务对象、服务范围等方面,提出了相应的规划原则、规划目标、规划内容及规划方法,以此制定了城市地下物流终端选址的布局原则和规模范围。

4.1 终端体系

4.1.1 体系结构

共同配送是指多个客户联合起来,共同由一个第三方物流服务公司来提供配送服务,其本质是通过作业活动的规模化来降低作业成本,以提高物流资源的利用效率。共同配送示意如图 4-1 所示。

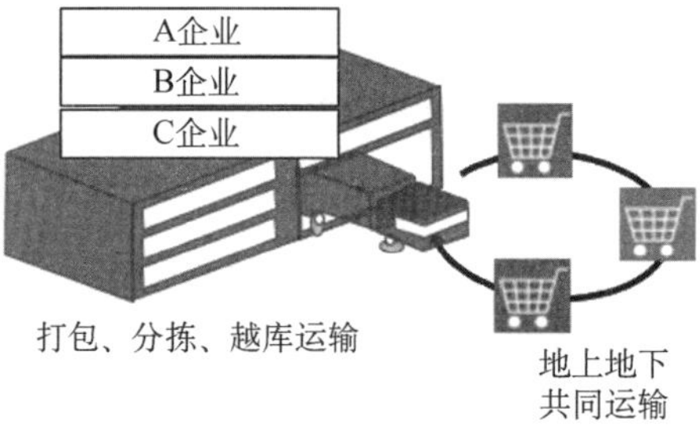

图 4-1 共同配送示意

共同配送的实体具备高度系统化特征,相比传统配送模式更有优势。如共同配送系统由多种复杂要求构成,架构完善,具有较强的自我修复及再生功能。共同配送实现了物流共同化的目标,故可采用更少的货运车辆进行配送,可一定程度上减少城市内由于货运车辆过多而引起的交通、环境等问题。共同配送依托共用基础设施,可减少物流企业分散管理带来的大量成本，提升经济效益。共同配送同时可提升物流服务的响应速率，减少单程空车率，提升物流效率。

共同配送相比传统模式，在节约物流成本、提升物理效率等方面具有更多的优势，但从目前的实践来看，发展共同配送也存在一定的挑战。在国外发达国家的共同配送建设成功经验中，其共配网络以整合原有配送体系与基础设施为主，在一定范围内建设新的共配终端。而目前国内现有的物流终端，存在快递公司各自为政、重复建设严重、城市内缺乏物流共配终端用地的问题，既难以整合现有的终端设施，又缺少新建共配终端的条件。

地下物流系统作为新型物流模式，可为共同配送体系的发展，尤其是在基础设施方面提供更大的支撑。在物流体系上，城市范围内的共同配送通常定位为公共配送中心、末端公共配送站组成的两级体系，而地下物流终端可完全对应形成由分拨中心、配送中心组成的两级配送体系。在基础设施上，地下物流终端可灵活利用地下空间新建配送终端，释放了地面用地空间，共同配送系统可以此为载体构建基础设施体系。因此，在地下物流终端体系上，本书将由分拨中心、配送中心组成的两级配送体系作为研究对象，为共同配送理念提供基础设施保障，促进城市物流配送高效发展。两级配送体系如图 4-2 所示。

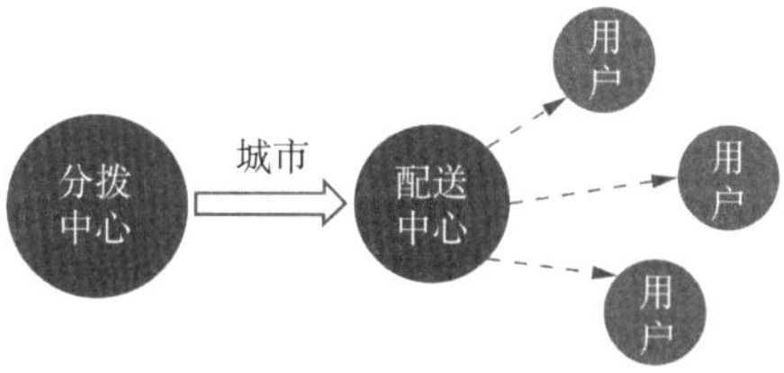

图 4-2　地下物流终端两级配送体系

4.1.2　分拨中心

分拨中心作为外埠货运进城枢纽，具有分拨、存储、收发、安检、容器标准化和信息化处理等功能，在区位上一般设置于城市四周、边缘区域，是城市范围内地下物流网络路由的起点。地下分拨中心通过高铁站、机场和港口等区域货运枢纽向上衔接区域物流体系，建设形式通常有全地下和半地下两种，是地上运输转换为地下物流通道运输的关键节点。分拨中心规划的重点主要是终端选址、功能设置和建设规模。

1. 分拨中心选址原则

(1) 选址需符合上位规划。分拨中心在地下物流网络中处于较重要的地位，为城市地下物流网络的起点，承担连接上级物流园区、服务城市市域、与其他设施协同以及利于地区物流网络优化利用的重要地位，上位规划在战略布局时对分拨中心选址进行的考量，应符合区域整体物流发展方向，因此地下分拨中心的选址应从宏观角度出发，符合上位规划的战略布局要求。

(2) 选址应靠近城市主要出入口的交通干道，尽量与交通枢纽一体化布局。地下分拨中心集散的货物来自区域内的物流园区、其他分拨中心或生产厂商等，而目前区域的物流运输方式仍以公路、铁路为主，与交通运输主要通道的联系极为重要，因此需考虑与城市外围高速路出入口、城市主干道入口、火车站、港口等交通节点的联系，在可能的情况下与交通枢纽一体化立体布局，提升货物地下与地面接驳转运效率。

(3) 选址宜远离其他城市功能区。分拨中心货运车辆进出频率较大，货运量较大，适宜对外布局，避免对城市内其他功能区的交通流产生影响。此外，分拨中心占用城市地面及地下空间均较大，且功能混合可能性较小，远离其他城市功能区布局，可释放城市用地空间。

(4) 选址应充分依托公用设施。分拨中心服务范围较大，日处理货物量较大，应尽量选择水、电、通信等市政配套设施齐全的场址，日常运营所需配套服务与其他市政配套设施共享，可减少配套基础设施建设成本。

(5) 分拨中心内部功能布局需利于场区功能合理布置和安全运行。根据分拨中心物流需求量，合理确定物流操作的功能面积。场地形态与规模应满足分拨中心功能对总体布置的要求，符合生产工艺及安全运行要求，提高土地利用率。分拨中心主要为地下形式，地下可利用面积较大，但需考虑地下建设费用较高的问题。

2. 分拨中心功能

分拨中心在地下物流网络体系中，为城市地下物流网络的起点，总体而言具备以下功能：

(1) 集散功能。集散功能为分拨中心的主要功能。分拨中心集中了现代化、自动化的作业设备和信息化的系统运作管理技术，通过快速专用通道、城市循环配送等方式，使分拨中心成为城市的货物集散中心。

(2) 分拣功能。对到达分拨中心的货物，将由地下物流通道输送，并按目的地及流向进行分拣操作。

(3) 中转功能。在区域整体物流网络中心，可通过分拨中心将包裹中转至其他分拨中心或者物流园区，起到中转枢纽的作用。在城市范围，分拨中心需要将货物中转至下一级配送中心。

(4) 接驳功能。将分拣完的货物通过机械臂自动完成装箱操作和系统装车，后续进入地下物流通道进行输送。

(5) 暂存功能。主要用于货物、商品的临时存储。分拨中心可根据地下物流运输效率要求设置智能立体无人仓，包括冷仓和恒温仓，提升仓储备货现代化水平。

3. 分拨中心规模

分拨中心的规模主要由货物的总质量和体积来确定。根据物流行业经验，单件货物质量存在较大差异，因此，通过质量换算体积得出的地下分拨中心的规模也不同。

按单件货物质量分类，总体上可分为小于或等于 300 kg 和大于 300 kg 两类。

(1) 当单件货物质量小于或等于 300 kg 时，又可分为 2 个档次：30 kg 以内的货物能上分拣线，因此按行业经验 12 件/m^2 的坪效计算可得出 30 kg 以内货物所需建筑基底面积；30～300 kg 的货物按 1 件/m^2 的坪效计算，可得 30～300 kg 货物所需建筑基底面积。

(2) 大于 300 kg 的货物不经过分拨中心换车而是直接配送至配送中心，但考虑家居建材等大型货物，需在分拨中心预留暂存面积。

日常运营配套设施所需的建筑基底面积也应纳入计算，同时考虑城市物流需求的远期发展，在地下物流规划时需预留分拨中心面积。从分拨中心的建筑层数、建筑密度等可得出分拨中心用地面积，地下分拨中心可考虑全地下、半地下形式。分拨中心土地使用面积相对一般的地面分拨中心较小。

4.1.3 配送中心

配送中心衔接分拨中心与终端用户，一般设置于地下物流运输通道之间，是地下物流网络的关键连接点。在功能上提供货物的分拨、装载，进行标准容器到包裹的拆解工作。在空间布局上通常结合地下空间或是地面智能终端建设。配送中心的优化同样需从终端选址、功能设置及规模建设三方面考虑。

1. 配送中心选址原则

(1) 选址地区的服务范围适宜，布局均衡。配送中心作为末端配送的关键终端，是地下物流活动中将商品及服务送达客户的最后一个环节，是构建城市生活服务圈的重要设施，因此需根据居民日常出行适宜半径确定配送中心的服务半径，最大限度地覆盖到末端用户。配送中心与用户可充分利用地下空间连接，通过分析研究地区人口构成特点，结合国际大都市人均 GDP 与物流量折算关系，预测研究区域每日物流量。按照人口密度和城市规划定位，以 300 m 服务半径为约束，结合物流终端选址原则，规划出区域人口、物流量、末端网点数量和容量以及分布因素。

(2) 临近商务办公及居住集中区域，靠近公共服务设施中心。配送中心主要服务人群为办公区及居住区内的用户。选址临近主要服务用户区域,也可充分利用地下车库等地下通道资源;靠近公共服务设施中心,可与其他设施一同集聚用户需求。

(3) 邻近地下物流通道。地下配送中心利用地下空间,在空间布局上与地下物流通道所利用的地下空间尽量邻近,便于衔接,减少连接通道的额外建设成本。

(4) 以人为本,多功能配置。从末端用户的物流需求出发,配送中心的建设可考虑融入商业零售、居民服务、O2O 线下体验等多种产品,加入便民政务、逆向物流、商超配送等多元服务,形成综合化的多功能平台。

(5) 无人化、自动化、标准化、绿色化建设。地下物流以无人化、自动化为特征,为迎合未来城市智慧化发展趋势,配送中心的规划建设可适度超前,为先进末端物流技术预留空间,配备并逐渐推广无人化设施装备、信息化平台等。

2. 配送中心功能

配送中心作为末端配送的关键终端,是地下物流活动中将商品及服务送达客户的最后一个环节。总体而言具备以下功能。

(1) 物流作业功能。

容器暂存功能。将卸载空箱的标准容器暂存于配送中心,以备后续运回分拨中心,重新装载新的货物。

分拣功能。根据货物类型提供不同的分拣服务。B2C 货物由标准容器卸载后进行单件分离;B2B 货物无须卸载,标准容器经过分拣直接进行后续末端配送。

(2) 物流服务功能。

物流服务功能是配送中心最重要的功能,具体包括快递寄件服务、小型商超配送服务和包装箱回收服务等,主要是面向快递配送的 B2C 和面向小型商超的 B2B 服务。

在 B2C 快递配送服务场景下,配送中心需提供多元化服务内容和模式,包括直接配送到户,或居民通过智能快递柜自提,或精确到小时的预约配送到户,体现地下物流服务的智能化。

在 B2B 小型商超服务场景下,充分考虑配送中心与新零售模式的融合。配送中心可承担商超前置仓的功能,满足消费者对商超货品的短时、即时配送需求。

(3) 社区服务功能。

地下配送中心作为最临近末端用户的公共服务设施,可提供社区服务功能。例如,提供智能化垃圾回收功能,体现了绿色、智慧、共享的物流理念。地下物流配送中心充分利用社区地下空间,可共享利用站点内空间提供便民的商业服务。

3. 配送中心规模

根据城市物流需求预测得到的每日人均快递单量，结合城市的物流配送服务面积、城市总人口、配送中心服务覆盖率以及服务半径可得出城市需要的地下配送中心数量。

根据配送中心各功能分区的行业经验面积，综合站点操作区（包括容器暂存及异常处理区和分拣区）、装卸区，考虑波峰、日常业务量的区别，可得出配送中心的物流服务区面积。另外，加上社区服务、商业区及停车接驳面积，预留未来发展面积，可得单个社区配送中心的总体面积。

4.2 终端选址优化理论

4.2.1 优化目标

根据城市物流终端选址的规划目标，进行城市地下物流终端的选址决策，以达到物流效率最大化的主要目标。主要目标可进一步细分，从成本、物流量、服务、发展潜力和综合评价五个方面寻求最优。

(1) 成本最小化。

地下物流终端成本包括运输成本和设施成本。在运输成本方面，地下物流终端规划应考虑达到较大的运输需求规模经济效益、寻求总的运输距离最小和选择最优的运输方式，用于减少运输成本。在设施成本方面，一方面需要选择建造条件好、租金低的地块，减少设施建造成本、税金、租金、折旧费等固定成本；另一方面地下物流终端应通过自动化、智慧化改造提升物流流通效率，降低物流终端内库存水平，减少存储成本。

(2) 物流量最大化。

使地下物流终端物流量最大化，提升终端利用率和终端效益。地下物流所承载的货物特征为小批量、高频次、多品类，因此需缩短物流终端与用户间的距离，提高货物周转频率，减少物流费用。

(3) 服务最优化。

地下物流终端选址需综合考虑送货时间、距离、速度和准时率等服务指标的最优化。物流终端在距离单个用户越近时，以上服务指标越好，但城市内末端用户分布有时较为分散，在终端服务范围较大时，需综合考虑与多个末端用户的距离，达到整体服务水平的最优化。

(4) 发展潜力最大化。

选址应预留远期发展空间。城市内地面及地下空间资源有限。地下物流节点作为城市公共服务设施，具有投资大、服务周期长的特点，因此需同时考虑现状物流活动的效率最大化和未来地下物流发展的潜力，发挥资源利用最大效益。

(5) 综合评价最优化。

综合考虑政府和用户角度的地下物流成本、服务、物流量、发展潜力和物流企业角度的物流系统运营要求，可通过多目标决策方法综合评价得到终端规划的最优方案。

4.2.2 优化层级

城市地下物流终端的空间布局规划可分为宏观、中观与微观三个层面，根据所对应的规划层面，开展相应的终端空间布局。由于城市地下物流终端的地下化建设成本较高、规模有限，合理的终端规划能够充分发挥终端的服务功能，节约物流成本，发挥物流终端的集聚载体作用。

(1) 宏观层面的地下物流终端空间布局包括终端体系结构、运营组织模式及发展战略的确定等。本书的地下物流终端体系以分拨中心、配送中心两级体系为基础，根据服务对象的不同，需重点解决的物流问题也不同。如当区域内城市间交通条件较差、物流效率较低时，可考虑增加区域性的物流服务终端；当物流服务区域面积较大，而规划城市周边的分拨中心服务能力不足时，可在两级体系中适当增加额外的终端，服务次级配送中心，保证物流服务水平。运营组织模式包括共同配送、城市班列和多式联运等，通过政策设计引导实现适宜城市物流发展的运营组织模式。发展战略则是对包含地下物流终端体系的城市整体物流终端体系的分阶段、长远性的策略，确定终端规模及区域性空间布局规划。

(2) 中观层面的规划在确定完宏观层面的战略后实施。主要是解决城市范围内配送中心的详细规模及空间布点问题，即对每个配送中心进行选址布点的土地使用、物流需求和地下空间条件等方面的详细规划。

(3) 微观层面的布局是在宏观战略及中观策略的指导下进行的对城市地下物流终端内部功能区的详细设计，包括配送中心的总平面设计、功能布局、设备设施、建筑设计、工艺流程和环境景观设计等内容，做到与周边地下空间、地下通道等衔接通畅。

4.2.3 末端配送优化

1. 末端配送的研究目的与意义

末端配送是物流活动中将商品及服务送达客户端的最后一个环节，对物流企业发展有重大意义。作为物流企业成本集中的环节，末端配送直接代表物流企业服务水平和形象，决定企业利润收入。末端配送是城市物流终端服务的载体，末端配送的优化是城市物流终端优化的重要部分。

末端配送模式的科学性、合理性，将对改善城市面貌、提升城市公共服务水平、优化物流成本起到关键作用。同时，末端配送也代表了最先进的物流技术应用场景，是体现物流终端智慧化的重要环节，是体现城市社区宜居水平的重要组成部分。

未来城市中，物流终端的末端配送可适度超前规划。在末端集中最先进的物流技术，为今后集约物流、智慧物流、绿色物流落地及优化提供理论依据。

2. 末端配送优化原则

贯彻以人为本的理念，以提升社区物流服务水平为总体原则。以人为本的理念，可理解为末端物流配送的优化需基于居民的实际需求，以提升居民幸福指数。末端是物流体系的“最后一公里”，其服务质量和便捷程度将直接对居民幸福指数产生一定影响。末端的站点建设可以考虑融入商业零售、居民服务、O2O 线下体验等多种产品，可助力城市消费升级，提升城市的人气与活力。

秉持智慧物流体系智能化、集约化的原则，重视创新驱动的城市发展引领路线。坚持把创新作为高质量发展的第一动力，打造物流体制机制新高地和物流区域协同创新重要平台，建设现代化末端配送体系，积极推动末端智能化物流建设。同时通过系统的规划统筹，集约化社会资源，搭建开放共享的物流平台，通过共同配送降低社会物流成本。

坚持绿色物流原则，大力推进绿色物流设施设备的使用。坚持把绿色作为高质量发展的普遍形态，充分体现生态文明建设要求，创造优良的人居环境。要实现人居环境的提升，末端物流配送需避免在运输过程中产生大量的碳排放和包装废弃物，采用新能源运输工具，使用可降解、可循环的包装材料，建立低碳、清洁、具备回收闭环的末端配送服务，从而助力建立可持续发展的绿色物流体系。

3. 末端配送模式

(1) 智能信包箱。

据《邮政业发展“十三五”规划》数据显示，2020 年快递业务量预计达到 700 亿件，2018—2020 年快递业务量复合增长率为 19.5%，未来不断增长的业务量将给物流末端带来极大的配送压力[76]。同时，京东物流推出“京准达”服务后，菜鸟物流开启了 30 分钟达、1 小时达、2 小时达等即时物流服务，闪送提供全天候 60 分钟同城递送服务，客户需求的多元化催生出更多的细分市场，加大了末端环境的复杂程度。

按照目前的配送效率计算，未来 3 年全国快递员缺口将在 100 万人左右，且超过八成的快递员平均工作时长在 8 小时以上，在电商促销旺季更是超过 12 小时，工作强度已处于饱和状态。同时，据中国消费者协会数据，有 32.3% 的用户等待快递员上门收寄包裹时间超 3 小时，59.5% 的快递员上门派件时会遇到用户不在家的情况，44.8% 的用户认为等待快递员派件时间过长。快件的误派、错派、漏发和丢失等问题也是用户体验的主要痛点。智能信包箱作为快递行业“最后一公里”的解决方案，其市场规模在需求和资本的双重推动下节节攀升[76]。

智能信包箱为新型末端投递模式，是传统信包箱和智能快件箱的完美结合，可满足一户一箱要求，既能全面整合信件、报纸、包裹等邮政普遍服务业务，还可将其他快递企业的派送业务吸纳进来。

智能信包箱采取按址投递或按种类投递两种方式，投递员可通过多个门牌地址或信件、报刊种类进行批量投递，大幅提升投递效率。当投递员按门牌地址投递到相应格口时，如果有未取走记录，包裹或信件会再次投递在原格口，用户取件时只需开箱一次。这是指针对定期订阅的报刊，智能信包箱系统与报刊订阅数据进行对接，通过算法与信包箱三级地址自动匹配到户后，投递员根据系统数据投递。此外，智能信包箱还可以将格口充分利用，当用户信报格口容量饱和后，系统将自动匹配到包裹副柜的大、中、小格口内。同时联合小区物业，采集用户手机号码等基本信息，自动发送短信通知，并实时记录投件及取件信息，进行跟踪监控和逾期件提醒等。智能信包箱如图 4-3 所示。

图 4-3 智能信包箱

(2) 配送机器人。

作为电商与自动化、物流与机器人的融合，配送机器人所具备的高负荷、全天候工作、智能等优点，是物流行业“最后一公里”最先进的解决方案。

配送机器人是智慧物流体系生态链中的终端，可应对各种复杂的配送场景。凭借高度的智能化和自主学习的能力，配送机器人可对各类订单配送的现场环境、路面、行人、其他交通工具以及用户的各类场景，进行及时有效的决策并迅速执行。配送机器人装备有激光雷达、GPS 定位，并配备全景视觉监控系统、前后防撞系统以及超声波感应系统，能准确感触周边的环境变化，预防交通安全事故的发生。基于认知的智能决策规划技术，配送机器人在遇到障碍物时，能同时判断出行人位置，并判断出障碍物与行人的运动方向和速度，通过不断深度学习与运算，做出智能行为的决策。目前，配送机器人具有以下能力：能安全通过交叉路口，包括有红绿灯路口和没有红绿灯的路口；能自主规划安全借道行驶；能避让来车和行人；能礼让横穿行人的车辆，安全避道行驶；能够精准停车。

业务流程方面，配送机器人从配送中心装货后，按照既定线路自动导航行驶，到达用户所在地点，完成配送任务。在到达用户指定送货地点后，配送机器人将通过电话、短信等方式通知客户收货，并支持人脸识别、短信验证码等多种人机交互方式快捷取货。若用户无法应答，配送机器人可就近将货物存入智能信包箱，并将信包箱取件信息发送至用户，便于用户自行取货。配送机器人同时可与楼宇电梯通信，可搭乘客梯、货梯上楼到户配送。配送机器人如图 4-4 所示。

图 4-4　配送机器人示意

(3) 共同配送。

城市共同配送是指在城市范围内，生产商、产品加工企业、运输企业等通过各种合作方式，对地区内有配送需求的用户进行资源的集约化整合，统一安排配送活动，实现资源配置优化。城市共同配送体系的建立，可以有效整合传统快递企业相对分散的快递资源，不仅有助于实现配送的规模效益，降低作业成本，提升区域内的物流配送效率，促进物流资源的合理化配置，还有利于对物流基础设施集中规划、合理布局，节约全社会物流投资，减少对城市土地、道路资源的占用，最终实现用户满意度的提升，实现企业经济效益与社会效益的双赢，同时对缓解城市日益严重的交通拥堵等问题也有重要作用。

针对“最后一公里”配送难问题，在城市快递末端节点的上层建立共同配送功能的配送中心。根据区域人口分布特征、快递业务需求，确定末端配送终端的具体辐射范围和配送范围，由专门的末端配送公司投入部署智能快递柜，并通过对该区域内待配送货物的统筹和整合，实现有限区域的共同配送。一方面，通过统筹安排配送时间、次数、路线和货物数量，全面进行配送，大幅降低传统零散运输产生的配送成本，实现规模效益，提高人员、物资、时间等物流资源的利用率，从而降低物流企业的总体成本；另一方面，共同配送可以有效缓解由各物流公司在城市内独立配送所造成的交通压力、环境污染等问题。

4. 末端配送服务功能

以末端配送集约化为原则，构建货到人和人到货场景，实现末端物流服务的功能。

（1）货到人场景。

该场景中以配送中心为主要载体，突破单个企业的个别化配送模式，实现多个企业、多个行业的组团式末端配送。该模式可克服不同企业之间的重复送货、交错配送问题，提高车辆使用效率，缓减城市交通拥堵，可带来良好的社会效益和经济效益。该场景以无人化作为目标，近期以人机混合过渡，远期通过逐步迭代，实现商品由机器人直接配送到客户家中的无人化配送场景。

配送机器人与行人共用人行道路，实现无人化末端配送的场景，如图 4-5 所示。

图 4-5　末端机器人配送场景示意

（2）人到货场景。

该场景中以固定及移动智慧无人化终端为载体，实现集约化末端服务。智慧物流终端具备自助揽收、自助取货环节中的全部功能，具有自主、安全、集约的特性。其中移动式智慧无人终端包含无人车及其他无人配送设备等；固定式智慧无人终端包含智慧邮局、智能自提柜等形式。

智能自提柜在实际场景中的位置，可以选在公共交通站场所、自动提款机周围等人流密集节点，如图 4-6 所示。

图 4-6　智能自提柜布局形式

(3) 时效和差异化产品服务功能。

末端配送的设计不仅需要满足标准服务需求，还应该满足社会大众对时效和差异化物流服务的需求。结合整体物流设计，在政策的支持下通过短链、无人化等智慧物流技术实现多个时效配送服务。针对生鲜、生活医药等特殊产品，配备相应设备和工具，满足社会对商品服务多样化的诉求，体现以人为本的设计原则。

(4) 特殊物流保障功能。

末端配送对于特殊物品应具备安全、高质量的保障功能。例如，中国邮政集团公司承担政务寄递、党报党刊、机要通信的职能，需要充分考虑邮政必要设施的建设。个性化特殊保障、特殊时期物资保障的“生命线”设计，都应纳入末端物流规划中。

5. 末端配送多层级体系

(1) 智慧末端配送流程。

智慧末端配送实现的是从配送中心到用户的配送过程。配送流程可分为以下四种。

① 在用户距离配送中心较近，或配送中心内设置提供自提服务的商店等情况下，用户可前往配送中心自提。

② 在新区人口较少，且以配送员配送为主的情况下，货物从配送中心出发，由配送员送至智能信包箱，用户前往信包箱取件。

③ 当智慧化技术发展到一定阶段，配送机器人部分参与或全部参与配送时，货物从配送中心出发，可直接由配送机器人或人机协同配送至用户。

④ 在智慧化技术较为发达，物流基础设施相对完善的阶段，货物可通过末端智慧物流管道直接配送到户。智慧末端配送流程如图 4-7 所示。

(2) 智慧末端配送等级。

根据先行区人口导入时间序列、智慧化技术发展水平、物流配送服务水平等，智慧末端配送可分为四个等级：传统配送、智慧一级、智慧二级和智慧三级。

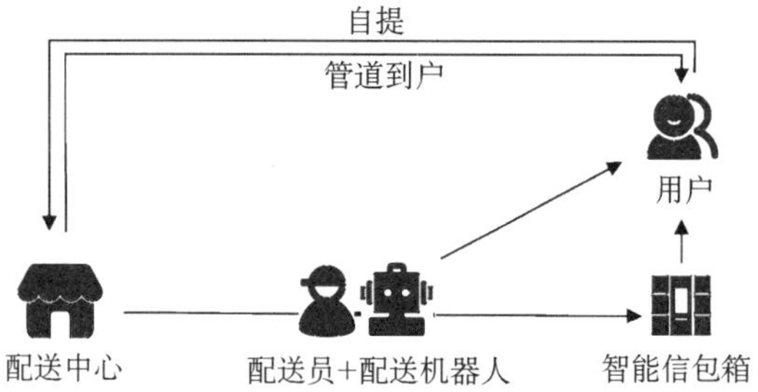

图 4-7　智慧末端配送流程示意

① 传统配送:适用于发展近期人口数量较少、物流需求量不大的情况。采用配送员人工配送到户的配送方式。

② 智慧一级:适用于城市发展中期人口数量增加、物流需求量增大的情况。采用配送员人工配送,配置智能信包箱。

③ 智慧二级:适用于城市发展远期智慧化技术发展到一定阶段、有人口数量基础、用户对物流配送服务有一定要求的阶段。采用机器人与配送员协同配送模式,配置智能信包箱。

④ 智慧三级:适用于城市发展远景人口完全导入、智慧化技术发展水平较高、对物流配送服务要求较高的阶段。标准化的快递包裹可直接通过到户管道配送入户,非标准化的快递包裹需通过配送机器人配送到户。智慧末端配送等级如图 4-8 所示。

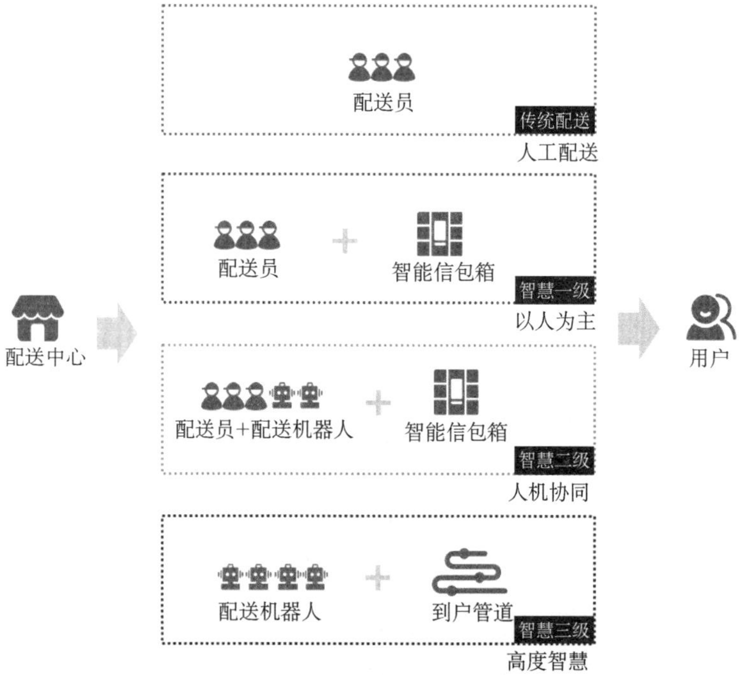

图 4-8　智慧末端配送等级示意

4.2.4 优化方法

在众多的地下物流终端布局影响因素中，通过地下物流终端的规划原则、目标与内容的分析，可以得出运输距离、运输时间、建设成本等可定量化的因素是影响物流终端规划的重要因素，也可更科学、合理地进行终端的选址布局。

1. 优化方法分类

目前，物流终端的定量规划方法有重心法、双层规划法和其他方法。

(1) 重心法。

重心法是将物流运输成本(包括距离、需求量、时间等成本)作为物流终端规划决策的唯一因素，通过构建模型求解物流终端中心位置坐标。该方法适用于单一物流终端的选址，是一种常用的终端规划方法。重心法需已知坐标系中各个物流终端所服务的用户位置，确定各个备选物流终端与用户之间的相对距离，根据坐标值得出运输成本最低的物流终端的选址位置。

(2) 双层规划法。

双层规划是指通过构建上、下层各自目标的模型，来协调上、下层各自利益者目标的方法[77]。地下物流终端选址中，政府承担物流基础设施的投建，而物流企业则是物流基础设施的主要使用方。双方的利益诉求并不相同，政府考虑在建设成本较小的情况下实现交通拥堵最小、物流整体效率最高，而物流企业则考虑在物流运输成本较小的情况下实现物流自身企业的效率最高。双层规划法可统筹考虑政府、物流企业之间的利益诉求，使整体效益最大化。

以政府和物流企业有关物流终端选址的双层规划模型为例，上层规划为以政府角度建立的物流终端选址模型，模型被限定在一定投资金额内，其目标为总成本最小；下层规划为物流企业在多个物流终端中进行需求量分配，使物流企业运输费用达到最小的终端选址模型。

(3) 其他方法。

物流终端规划还有启发式智能算法、仿真方法和多准则决策方法[78]等，适用于不同的条件情况，可根据物流终端选址的条件和目标灵活选用。

启发式智能算法是以物流总费用最小为基础，给出计算方法和判断标准，不断迭代最终得到近似最优解的方法。对于大规模物流终端选址问题，往往在有限时间内很难计算得到最优解，因此最宜采用此方法求最优解。在地下物流终端规划中，此方法可作为大规模社区配送中心选址的基础方法。常用的启发式智能算法包括遗传算法、模拟退火算法和神经网络等。

仿真方法是在定量方法的基础上，设计出与实际相符合的物流工艺流程，并通过数值计算或用图形表示分析结果的方法。适用于评价不同物流终端选址的优劣程度，也可用于大规模物流终端的选址。常用的仿真方法包括离散仿真、动态仿真和随机仿真等。

多准则决策方法是通过不同的准则对多个规划方案进行评价，综合性评价最高的方案作为最优方案。常用的多准则决策方法包括模糊综合评价法和层次分析法等。

2. 优化方法总结

终端规划方法考虑的因素从重心法的物流运输成本，到双层规划法的政府、物流企业之间的利益博弈，再到多准则决策方法的综合因素评价，为地下物流终端布局提供了基础依据。在地下物流终端规划过程中，需同时考虑包括终端、通道的整个地下网络体系的构建，因此整体建设成本较高，终端规划时将政府的建设成本条件纳入考虑，则规划更有实际参考价值。

终端规划的规模从重心法的单一终端到启发式智能算法、仿真方法的大规模终端选址，为数量较多的地下物流分拨中心与配送中心选址提供了有效方法。在实际规划中，地下物流终端选址需同时考虑成本、距离等影响因素与规模数量，综合应用以上方法以增强规划的科学性。

4.3 本章小结

本章对城市地下物流终端选址优化进行了研究。尤其是对其规模、功能等方面进行了综合决策与优化。终端选址的规划对象包含分拨中心与配送中心两级，总体可分为宏观、中观和微观三个层面。在城市现状已有物流终端的情况下，规划应考虑新建地下物流终端或进行终端的地下化改建，在布局上应尽量与地下物流通道临近，提升衔接效率，节省成本。地下物流终端选址的优化应在保障物流效率的基础上，顺应城市智慧化产业进程，融入新零售商业、便民服务和信息化平台等多种智能化功能，配备智能化分拣、运输设施设备，构建无人化、自动化、智慧化平台。

末端配送是终端选址的另一重要层面。末端配送以智慧化、集约化和绿色化为主要特征，以共同配送为主要配送模式，该模式决定了末端配送可统一、高效地调配终端的配送员、配送机器人等，甚至可通过管道将包裹配送至用户。在末端配送的设施规划方面，共同配送的模式也利于逐步提升地下物流终端的智慧等级，实现高效率的末端配送。

第5章 城市地下物流运输通道优化

考虑到独立建设地下物流运输通道的费用较高，本书基于“整合共建、功能复合、面向实施”的规划理念，创新提出了地下物流与地下基础设施整合共建的建设形式。其中，整合共建是指地下物流运输通道可以与其他地下基础设施在结构上合建；功能复合是指在维持地下基础设施原本功能不变的情况下，可以在设施内部增加物流功能；面向实施则是指该理念与单独建设地下运输通道的形式相比，可减少建设投资，同时可与其他地下基础设施同步建设，整体提升运输通道的实施性。本书选取了具有代表性的城市地下基础设施，重点研究了地下物流与综合管廊、轨道交通和地下道路的整合共建方案，对各形式内部通道进行了详细设计，如综合管廊的合舱与分舱形式、轨道交通的加挂车厢与货运专列形式、地下道路的货运专用道与公共通道形式。

5.1　运输通道规划基本理论

广义的物流运输通道规划指在实现一定物流规划目标的情况下，对物流运输方式的选择或是对运输路径的规划，通常基于公路、铁路、水路等已存在的交通基础设施通道。而地下物流网络的运输通道可与城市交通基础设施、市政基础设施共享，也存在独立建设地下物流专用通道的形式，因此在广义物流运输通道规划的重点内容基础上，地下物流的运输通道规划在规划原则、构成要素、规划内容和规划方法上需要更多的探索和创新。

5.1.1　规划原则

1. 符合宏观战略布局，体现创新发展理念

以城市上位规划中对城市所在区域的社会经济发展战略和目标、生产力布局以及交通物流运输系统总体布局等为规划依据，融合上位规划中的创新发展理念（如集约节约、智能共享等),进行地下物流运输通道的规划建设,以保证物流通道建设在宏观方向上的可靠性。

2. 立体货运运输通道实现货物的快速流通

地下物流终端分为分拨中心、配送中心两个层次,在不同层面上地下物流运输通道的形式选择不尽相同。建议在城市外围,城市外部货物通过铁路、公路等传统运输形式进入分拨中心;城市内部通过合理利用地上、地下交通和市政基础设施,合理布置分拨中心到配送中心、配送中心到配送中心以及配送中心到用户的运输通道形式,优化运输组织方案,实现货物全过程的快速流通。

3. 与其他相关基础设施整合共享

通过与地下空间中其他基础设施共享运输通道空间(如地下轨道交通、地下道路、地下综合管廊、地下停车库、地下人行通道等),可综合利用地下空间富余资源,根据相关基础设施网络联通度,规划结合物流功能的地下运输通道层级体系及空间布局,利用一种或多种相关基础设施形成地下物流网络,实现地下空间高利用率和运输通道规划的经济性。

4. 响应用户多样化时效性需求

随着电子商务的极大发展和城市工商业的多元化转变,一方面,通过制定多层次、差异化的物流运输产品,配合合理的物流运输通道,满足不同用户对于配送时效、配送服务标准等多方面的物流需求;另一方面,根据物流产品特征,制定适合配送对象的物流组织方式。通过这两个方面,实现多层次、满足需求差异化的城市物流服务。

5. 近远期结合,柔性规划

地下物流运输通道规划需充分考虑城市的发展进程,以及未来科技发展、未来物流运输工具革新、运输组织模式变化等因素,近远期相结合,在运输通道选择、运输路线规划上预留弹性发展空间。

5.1.2 构成要素

1. 货物

地下物流通道运输的主要对象是货物。货物的性质包括品类、数量、包装、运输时间、送达地点、运输环境要求和时效性要求等,物流运输通道的规划要综合考虑上述因素,得出通道规划线路、通道内部环境条件等,最大化利用通道空间。地下物流的主要货物类型是零担、快递、部分回收物资和即时配送货物等，这类货物对时效性要求较高，货物包装可标准化，多批次运输。

2. 运输设备

地下物流运输通道的运输设备包括新能源车辆、无人配送机器人和皮带等多种类型。在地下物流专用通道中，物流运输不受其他交通流影响，因此在运输设备选择上可遵循智慧化、自动化、无人化、绿色化标准，采用最先进的运输设备技术，并有条件根据物流通道的内部构造限制及货物的运输要求个性化定制运输设备。定制参数可包括爬坡能力、最大载重、运行速度、建设成本和运维成本等。在地下物流与其他相关基础设施共享运输通道中，运输设备可与基础设施设备协同，如地铁结合物流功能时，物流运输设备可采用地铁标准车型，参考地铁运行的列车编组，降低运输组织难度。

3. 物流发生点与吸引点

地下物流运输通道的物流发生点与吸引点指产生地下物流活动的集散点，包括分拨中心、配送中心、供应商和终端用户等。地下物流运输通道的规划应以高效连接这些终端为主要目的，各种类型的终端产生的物流需求类型和规模均不相同，在连接终端时根据物流发生点与吸引点的运输距离、物流需求量、货物种类、物流时效性要求等因素规划地下物流运输通道的层级、规模、形式及空间布局等。

5.1.3 规划内容

1. 规模预测

在地下物流分拨中心、配送中心两级终端体系下，首先应确定拟规划的地下物流运输通道规模。在前期研究确定了地下物流需求总量之后，根据地下物流发生点与吸引点的大致规模与分布，可确定地下物流运输通道的初步空间布局和单位运输设备的载重量，据此可得通道的大致线网规模，包括线网总长度、线网密度和通道断面尺寸等。

其次，根据线网规模，可估算得地下物流运输通道运输组织的规模，包括物流运输通道的运输车辆数、车次、发车频率和物流终端配备的停车泊位等。具体预测过程中，根据运输设备尺寸和单位载重量，结合规划区域的物流需求总量，可得出日均运输的车次，根据全天运营时间、在每个站点停留的时间和高峰时段行车特征可得发车频率和所需车辆数。根据各级物流终端的数量，可得平均每个物流终端的停车泊位，在平均的基础上可根据每个物流终端需求量的差异调整物流运输设备预测数量。

2. 线路规划

根据不同类型的物流体系规划相应的运输通道线路。地下物流根据主要服务的第三产业服务对象类型可分为多种物流体系，包括零担快递物流体系、即时配送体系、可回收物逆向物流体系以及冷链物流体系等。不同的物流体系根据对应服务的物流终端空间布局和物流服务的最终用户空间布局的差异，需规划不同的物流运输线路，根据最终用户的层级分类可对运输线路进行细分。以零担物流体系为例，根据用户商业体量不同可分为小型末端商业物流和大型商超大宗物流。小型末端商业物流是服务于邻里级、街坊级的便利店、餐饮店、零售店等小型末端商业 B2b 的物流，大型商超大宗物流是服务于片区级、社区级的商业购物中心、大型商超、农贸市场等 B2B 的大宗物流，根据物流运输目的地差异规划相应的地下物流运输线路。

3. 通道形式

地下物流运输通道形式根据路权的差异可分为专用通道与公共通道两类。专用通道为拥有完全独立路权的地下物流通道形式，独立路权形式的通道以新建形式为主，对地下空间资源需求量较大，建设成本较高。公共通道为拥有部分路权的地下物流运输通道形式，与传统的地面物流通道相似，但在通道组合形式上更为多元化。公共通道根据城市现状及规划地下空间通道条件，通过每种可能的形式之间的优劣势比选，可选择地下道路、地下轨道交通、地下综合管廊等一种或多种形式，进行综合性的通道空间布局，保证物流发生点、吸引点之间的高效连通。

5.1.4 规划方法

地下物流运输通道规划以效益最大、成本最低、运输时间最短、准时性最高等目标进行优化，因此较适宜以定量规划方法来确定物流运输通道。常见的运输通道规划问题包括点到点之间运输、多点间运输、单回路运输和多回路运输。其对应的方法有最短路径法、产销平衡法、旅行商问题求解法、车辆路径问题求解法，不同的规划方法同时对应不同类型的地下物流网络形态。考虑到本书立足于规划设计层面，因此对偏向于后期运营层面的规划方法不作展开。

5.2 运输通道网络

5.2.1 体系结构

广义的物流网络组成元素包括物流终端与物流运输通道。其中物流终端可分为物流园区、分拨中心和配送中心三级体系结构，物流运输通道为干、支线两级体系结构。

货物从物流园区出发，通过分拨中心进行转运，再经由配送中心投递到用户，形成三级物流运行组织形式。

本书针对城市地下物流的特性，对其网络体系中的物流终端及物流运输通道进行了重新定义。地下物流网络体系结构如图 5-1 所示。

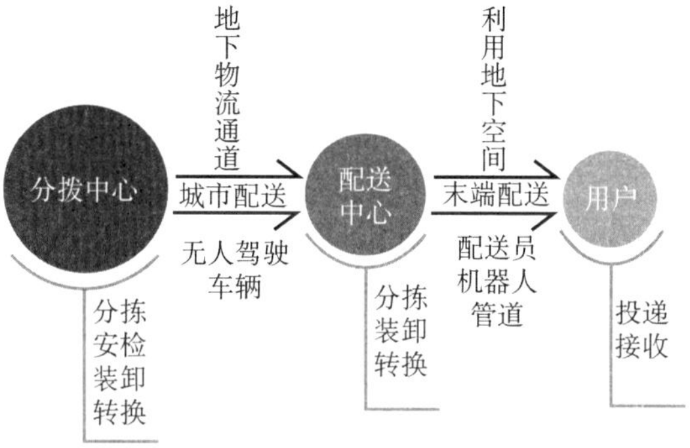

图 5-1　地下物流网络体系结构

其中，在城市范围内，根据两级节点体系，地下物流可形成干、支线两级运输通道体系。

干线通道：在功能上主要用于将货物分配、输送至各地下配送中心。在空间布局上一般敷设于机动车道或道路中央下方、两旁，通常结合地下基础设施修建，共享空间以达到节约建设成本的目的。

支线通道：主要用于连接配送中心与末端用户，承担货物末端配送功能。水平运输上可利用建筑地下空间，垂直运输上可共享终端楼宇的电梯。载具可利用皮带运输机和智能机器人等无人化运输设备。

5.2.2　网络形态

地下物流网络包含两部分，即地下物流终端和地下物流运输通道。按照地下物流终端和地下物流运输通道的连接形态不同，地下物流网络的网络形态根据平面结构的不同，可分为线状、树状、环状、栅格状及混合形态。

上述不同网络形态有其各自不同的适应性，应从城市用地形态、物流需求量、运输效率、建设成本等多方面综合考虑，以最终确定适应该城市发展的地下物流网络形态。

1. 线状形态

线状形态指地下物流终端通过单一线路连接，且终端间依次通过唯一运输通道连通的一类网络形态，如图 5-2 所示。

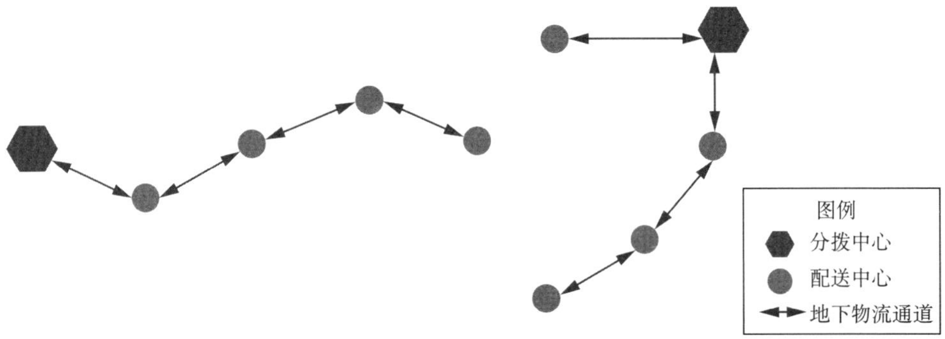

图 5-2　线状形态

线状形态适用于地下物流终端数量较少的情况，通常位于地面建成程度较高的城市建成区，物流地下化建设难度较大；也适用于物流活动频繁、物流需求量较大的物流终端，简化终端间运输流程，有重点地提升物流效率；在地下物流先行先试的场合，线状布局结构也有利于节省初期试验成本。考虑到运输组织优化，线状形态一般可采用双向单线形式。

线状形态的优点在于终端和通道数量较少、开发难度较低、建设成本较低，且终端层次上以配送中心为主，转运难度小，便于地面与地下的物流系统连接。其缺点在于终端数量有限、物流服务范围较小。

2. 树状形态

树状形态指地下物流终端通过树枝状线路连接的一类网络形态，是在线状形态的基础上，增加其中一些终端的连通分支的结构，如图 5-3 所示。

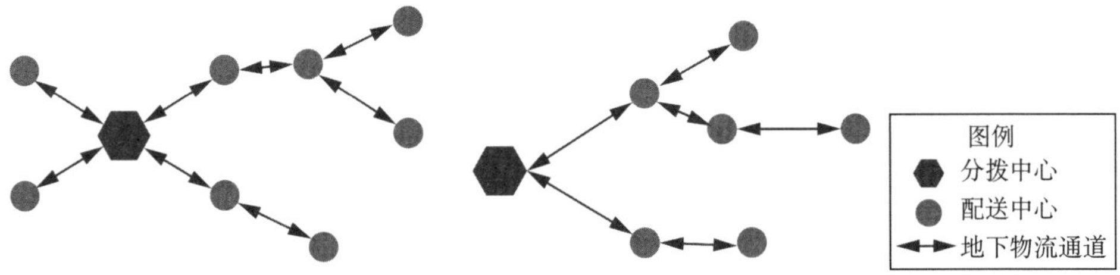

图 5-3　树状形态

树状形态可分为简单树状与放射状两类。简单树状的单个终端分支最多 2 条，适用于地下物流运输通道扩展延伸空间有限的情况；放射状中单个分拨中心终端可与多个次级配送中心终端连接，适用于末端终端物流需求量不大的单核空间结构的城市。树状形态在末端终端较少的情况下可采用单线单向通道形式。

树状形态的优点在于地下终端与通道的设施建设成本较少,终端集聚性较好,但相对线状形态而言,其连通性更好,服务范围扩大,能够形成一定的层级结构。树状形态的不足在于需要更多的地下物流终端支撑其网络,且分支较多的终端将产生较大的转运压力,需合理安排运输组织。

3. 环状形态

环状形态中,地下物流终端之间通过简单的线形进行串联,形成环状网络的布局形式,相邻终端之间互相连通,如图 5-4 所示。

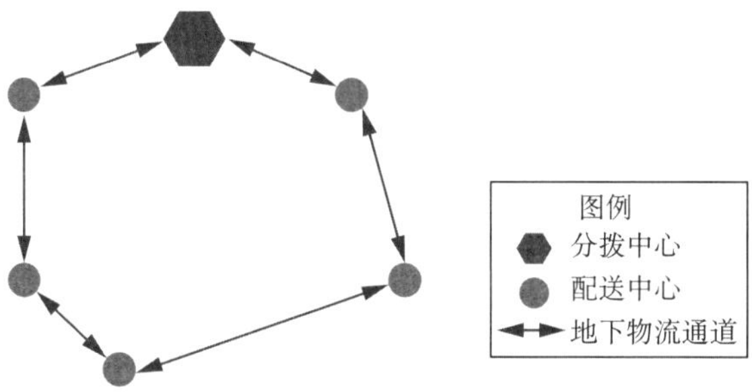

图 5-4　环状形态

环状形态适用于需求量集聚的中心城区,物流需求按环线沿线分布,物流网络的环状形态符合货物的运输流向。必要时可与地下综合管廊、地下道路等市政基础设施合建以降低建设成本;环状形态也适用于上下游产业用地呈环状布局的产业链型物流园区,可提供全产业链物流运输服务,提升生产效率。

环状形态的优点是物流终端数量较少,建设成本不高;且相邻终端间连通性较好,便于运输组织。但环状形态也存在可靠性较差的问题,考虑到通道间互相关系较强,且通常为单向单线运输,单条通道的中断将引起整个网络的运行中断。

4. 栅格状形态

栅格状形态指地下物流网络中的运输通道,通过终端互相交叉形成的规整多边形结构的一类网络形态,如图 5-5 所示。

由于栅格状形态的物流终端数量较多,适用于地下物流终端设施较完善、地下物流需求量较大的城市或地区;规划上,栅格状物流网络可遵循地面道路网络形态,结合道路红线下方范围内的地下基础设施进行布局。

栅格状形态的优点是网络的连通度和网络可承载的物流运输量较大,运输直达性和

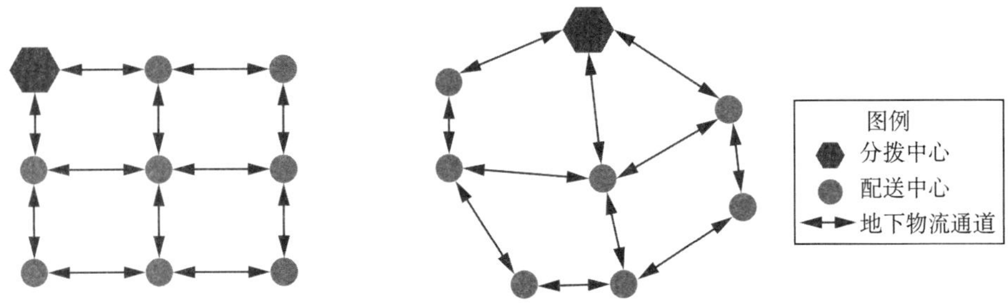

图 5-5　栅格状形态

可靠性较好，地下物流服务水平很高，单条运输线路产生问题时，可由其他通道提供替代方案。其缺点在于网络规模较大，建设费用相对线状、树状和环状形态更高。

5. 混合形态

混合形态是由以上两种或多种形态有机结合形成的较为完整的地下物流网络形态，如图 5-6 所示。

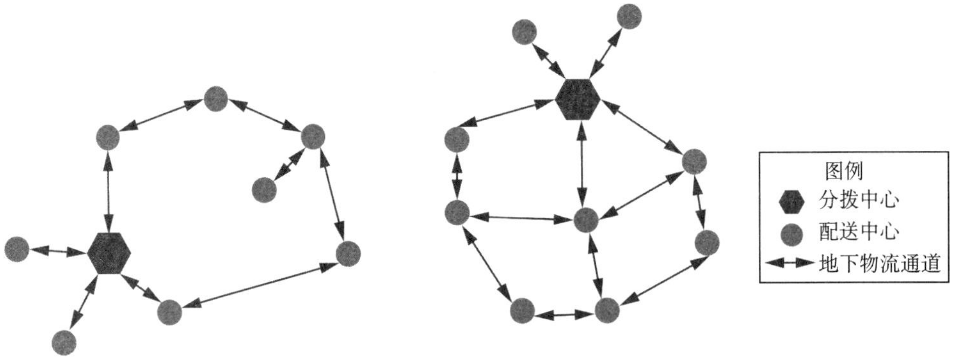

图 5-6　混合形态

在实际地下物流规划建设过程中，物流终端间的运输需求存在于分拨中心与配送中心、配送中心与配送中心、配送中心与用户之间，有层次运输需求；同时，地下物流运输通道的自由建设条件较为严格，单一的地下物流网络形态很难服务到更多的地下物流终端，因此需与多种网络形态相互配合。

混合形态能最大化覆盖地下物流需求点，网络连通性最好，能综合体现不同布局结构的优点，可因地制宜地规划地下物流网络，且能够根据建设时序逐渐满足物流服务扩大的要求。混合形态的缺点在于该布局结构较为复杂，投资费用较高，需根据物流需求量、运输效率、建设成本等多方面综合考虑确定具体的网络形态。

5.3　运输通道整合优化

在实际规划中，根据物流运输通道的路权属性，可分为公共通道和专用通道，其中公共通道是本书的重点研究内容。公共通道是提升地下物流可实施性的重要途径，其表现形式为地下物流运输通道与其他基础设施整合共建，其优化理念为“整合共建、功能复合、面向实施”。在公共通道形式下，物流功能与城市既有相关基础设施结合，既增强了地下物流规划方案的实施性，也提升了相关基础设施的空间利用效率，适用于目前城市中大部分基础设施已建设完成的状况。但公共通道形式存在一定局限，物流功能与相关基础设施原有功能可能产生互相影响，限制物流效率，因此提出专用通道形式，赋予地下物流独立路权，消除功能间的不利影响，优化地下物流系统。

地下物流公共通道是指物流功能与相关基础设施功能处在同一空间环境中，体现为物流功能与原设施功能互相影响程度较大，需要在空间上或时间上协调双方功能。公共通道可根据城市现有基础设施条件灵活选用，建设成本低，地下物流规划的可实施性高，可作为初期地下物流规划建设的优先建设形式。但因基础设施已经建成，物流可利用的空间条件较为局限，可能限制物流效率的提升。

地下物流专用通道是指仅根据地下物流运输的需求，给予物流运输独立通行权的运输通道形式，对所共享的设施本身功能没有影响，是进一步提升物流效率的方式。专用通道形式是在借助设施本身物质空间的基础上，根据物流需求对设施进行改造，可表现为与综合管廊分舱建设、开设轨道交通货运班列，以及在地下道路中设置物流专用通道。专用通道最显著的优势是物流体系与原设施体系在空间上分离，对原设施功能影响最小，且使物流效率最大化，但相对建设成本较高。

5.3.1　整合优化可行性

5.3.1.1　地下空间开发利用现状

国内地下空间开发经历了从分散据点到网络功能齐全的发展阶段，为地下物流网络规划提供了可依托的地下空间资源。在 20 世纪 90 年代以前，我国地下空间的利用以散点分布的小规模地下民防工程为主；90 年代至 2010 年，北京、上海和天津等大城市兴起建设轨道交通，地下空间的分布开始以轨道交通站点为据点，沿轨道交通线路向外扩展，规模较之前阶段迅速扩大；2010 年至今，城市地下空间开发呈综合化、网络化特征，地下轨道交通、综合管廊、地下道路和地下商业等功能在竖向上复合开发，地下空间各功能的分布呈网络化延伸，城市开发规模增量较大。以 2015—2020 年国家规划地下空间开发规模为例，上海、广州和杭州等7个城市的地下空间开发规模增长量都在2 000万m^2以上[16]。

大规模、网络化的地下空间开发趋势为地下物流网络的规划建设提供了空间载体。经过以上研究,地下物流网络能够形成与运行的基本条件是存在规模上能够成网的节点体系与节点间的联系通道。相关基础设施大规模网络化的特点,如轨道交通网络中车站与线网、地下道路中的重要节点与快速交通走廊等在网络空间构成和交通流向上与地下物流网络相似,可作为地下物流网络的实际空间载体。

5.3.1.2 与综合管廊整合可行性

地下综合管廊是指在城市地下用于集中敷设电力、通信、广播电视、给水、排水、热力、燃气等市政管线的公共隧道。综合管廊本身具备共享性和综合性,是地下空间资源综合利用的代表,地下物流与综合管廊结合符合综合管廊的共享应用理念,从综合管廊自身特性也可判断结合地下物流功能的可行性,通过借鉴综合管廊的规划方法,有助于形成与综合管廊相结合的地下物流网络规划。

1. 综合管廊开发利用现状

从国内第一条综合管廊(即1958年北京市天安门广场下的综合管廊)开始,国内综合管廊规划建设在2013年以前均处于探索试验阶段,单个项目管廊建成里程规模较小,未形成网络。例如,2002年建成的上海松江新城综合管廊长度仅0.4 km,2004年上海世博园综合管廊总长约6.75 km,2006年杭州钱江新城综合管廊长度为2.16 km。2013年以后,国家相继出台鼓励综合管廊发展的政策,对综合管廊的编制标准规范、投资建设及建设目标提出了指引,综合管廊规划建设规模高速增长,截至2017年年底,国内综合管廊的在建里程达6 575 km[16]。随着规模的增大,综合管廊的体系层次也逐渐清晰,形成以干线、支线和缆线沟为三级体系的综合管廊网络。

综合管廊服务网络扩大,通道体系层次清晰,为地下物流整合建设提供了条件。地下物流结合综合管廊,可依托综合管廊的网络覆盖率服务沿线的物流需求点。综合管廊项目投资主体以政府为主,短期内收益较少,同时投资成本较大,物流功能的融入可提升综合管廊空间利用率,同时可一定程度上带来收益。此外,综合管廊目前的入廊标准也尚在摸索之中,各管线入廊标准不统一,甚至出现了“只建不用”的现象,存量空间较大,物流运输通道的加入也可弥补管廊空间利用率不足的问题。

2. 与综合管廊整合优化可行性分析

地下物流与综合管廊结合的可行性可从二者间的管道体系、可共享空间、运输安全性和智能化趋势的角度来分析。

(1) 管道体系契合。

综合管廊规划体系一般可包括干线管廊、支线管廊与缆线管沟三类。在城市范围内，干线管廊主要承载工程干管，一般位于城市主要道路车行道下方；支线管廊容纳配给工程管线，与用户地块连接，一般位于道路两侧绿化带或人行道下方；缆线管沟所纳入的管线类型较少，一般只包含电力、通信缆线，位于人行道下方。综合管廊三级廊道体系主次分明，干线承载城市市政"生命线"，支线则服务干线与需求分散但数量规模较大的末端用户。地下物流网络体系根据节点层次也可分为干线与支线两级，干线提供城市范围的主要货物运输通道，支线则提供与配送中心或末端用户的连接功能，服务需求点较多，与管廊的廊道等级体系较为契合。

(2) 可共享空间。

可共享空间包括已建成管线舱内的存量空间和新建管廊时在原有管线舱断面上加宽的增量空间。

存量空间方式中，在物流功能与其他管线互不影响的情况下，可将管线舱内配备的2.2 m检修车通道空间用于物流车通行。以存量空间方式将物流功能纳入综合管廊后，可提升管廊空间利用效率，检修时则暂停物流活动。

增量空间方式则是在原有管线舱断面基础上增加额外的空间用于物流功能。增量空间方式根据物流舱布置方式的不同，可分为物流与管线合舱时加宽与物流舱分舱时加宽两种类型。物流与管线合舱时，纳入可与物流功能共存的管线。为避免物流运输振动或是运输安全事故对管线产生影响，可在舱内对管线进行适当的隔离。管线与物流舱分舱时，物流舱独立于管线舱，可与管廊共享地下空间与工程上的预制拼装形式，技术可行性高；且因增加断面横向宽度所增加的土建成本不高，在经济上也较为可行。

(3) 运输安全性高。

运输安全性高体现在货物不易丢失和无交通安全事故两方面。对比地面物流运输系统，利用全封闭的综合管廊通道进行安检后的货物运输，可避免地面天气影响和由于治安因素造成的货物丢失、损坏情况。同时，由于没有其他交通流干扰，利用综合管廊通道进行物流运输可最大限度地避免交通事故。

(4) 顺应智能化趋势。

综合管廊的智能信息系统可与智能化的地下物流技术协同应用发展。综合管廊在规划、设计、施工和运营各个阶段均应用了基于数据收集和处理的信息技术平台，以自动化与智能化为特征的地下物流系统可与该系统协调运行，适应智能化趋势。

5.3.1.3 与轨道交通整合可行性

1. 轨道交通开发利用现状

国内轨道交通建设始于1969年的北京轨道交通1期工程，直至20世纪八九十年代，天津、上海和广州也相继开通轨道交通，随着主要城市规模的扩大，远距离出行交通需求上升，同时轨道交通也为城市用地带来附加的经济效益，轨道交通新建和扩建的规模也在不断增大。截至2017年年底，国内34个城市已开通轨道交通并投入运营，共计开通线路165条，总运营线路长度达到5 033 km。其中，以地下形式为主的地铁拥有3 884 km，占比77.2%[79]。

国内轨道交通线网规模较大，覆盖率较高，且仍处于增长阶段，地下物流结合轨道交通有较好的服务覆盖率基础。通过比较世界主要城市如纽约、东京等轨道交通的出行覆盖率，可将覆盖率40%作为衡量轨道交通发展成熟期的指标，以此为标准，国内城市中上海已进入成熟期，北京、广州和深圳即将进入成熟期，武汉、苏州和成都处于成长加速期，另有大连、宁波等城市处于成长期，重庆、长沙等城市处于起步期，国内城市轨道交通建设潜力较大，地下物流结合轨道交通的建设形式有较大的发展空间。

2. 与轨道交通整合优化可行性分析

地下物流与轨道交通结合的运输方式可行性可从路权形式、运营时段、运输能力及站点服务能力四个方面进行分析。

(1) 路权独立，物流运输效率高。轨道交通作为一种交通运输方式，具备独立路权，即提供了封闭式的运输专用路段，在运行时不受其他交通方式干扰。通过自动化信号控制系统，保证了轨道交通车辆运行速度恒定高速，最高设计速度可超过100 km/h[50]。可见，地下物流结合轨道交通的方式可整体提升货运效率，体现地下物流作为对传统物流升级的新型形式。

(2) 存在可用于物流运输的运营时段。轨道交通主要为客运服务，可用于物流运输的运营时段可选择检修停运时间与非客运高峰时间两个时间段内。检修停运时间是轨道交通用于整体系统和车辆的日常检查维护、隧道的维护及控制系统升级等维护检修工作的时间，一般在凌晨0:00—4:00[80]。可考虑在每日运营计划中预留检修时间，采取措施提升检修效率以释放晚间维修闲时运力用于物流运输。非客运高峰时间是轨道交通除早晚高峰以外的客运运营时间，该时段内客流量较少且较为平稳，北京非客运高峰时段在9:30—10:30及14:00—15:30；西安相比较而言总体客运量较少，时段较长，非客运高峰时段在9:00—17:00与20:00—23:00[53]。在不影响轨道交通客运服务的情况下，可利用非高峰客运时段进行物流活动。

(3) 轨道交通运输能力与物流功能相匹配。轨道交通物流运输能力和轨道交通内部车厢的空间尺寸有关。从轨道交通中地铁车型分析，我国地铁车辆类型可分为 A,B,C,L 四种型号，地铁主要采用 A,B,C 型车，各型号的长、宽、编组及载客量如表 5-1 所示。

表 5-1　城市轨道交通车型规格

轨道交通车型	长度/m	宽度/m	编组/节	单节最大载客量/人
A	21～24	3	6 或 8	310
B	19～21	2.8	6	240
C	15～19	2.6	2～4	210
L	16	2.8	不定	不定

各车型的高度差别不大，均在 3.8 m 左右，通过计算则可得到轨道交通用作物流功能的车厢货运运输能力。地下物流的托盘标准运输单位可根据国务院推广的单元尺寸，即 1.2 m×1.0 m[81]，便于托盘入柜并与其他运输方式衔接。采用地铁车型运输时，单节载货能力较为可观，加上多节编组及日常闲时运力的存在，地铁可满足地下物流运输需求。

(4) 站点服务能力较为匹配。轨道交通停站时间较短，仅考虑上下客的情况，一般停站时间为 1～2 min；当考虑物流功能时，需采用自动化装卸设备以满足快速装卸货的要求。此外，轨道交通配置的停车场、车辆段等大型节点设施则可改造用于物流的仓储与配送中心的临时分拣、装卸及转换等功能。

5.3.1.4　与地下道路整合可行性

1. 地下道路开发利用现状

作为有效改善城市核心区交通拥堵、优化城市景观、提升环境品质的地下交通基础设施，城市地下道路在城市核心区可持续发展的目标中扮演着重要的角色。

上海、北京、广州、深圳等大城市先后开展了地下道路的规划建设。其中，上海市建成有翔殷路、大连路、新建路、延安路隧道等 12 处地下道路。截至 2014 年，上海中心城区已累计建成地下道路 60 多 km。正在建设中的上海市北横通道，穿越上海市中心城区，全长 19 km。北京市规划“四纵两横”地下道路网络，广州、武汉和南京也各自规划了适应其城市发展的地下道路体系[19]。

网络化地下道路是城市道路发展的必然趋势。地下道路网络由地下快速路以及各级主干路、次干路及支路共同组成，地下道路也可通过地下车库联络道将各末端地块连通，整体网络化程度相对较高，这为地下物流结合地下道路的建设形式提供了良好的条件。

2. 与地下道路整合优化可行性分析

(1) 地下道路设计车速较快,可有效提升物流主线运输速度。各级地下道路的设计速度如表 5-2 所示。

表 5-2 各级城市地下道路的设计速度

道路等级	快速路			主干路			次干路		
设计速度/($km \cdot h^{-1}$)	100	80	60	60	50	40	50	40	30

(2) 改造建设成本较低。物流车与小汽车共用地下道路运输通道,改造建设成本以增加支持自动驾驶的配套设备为主,无额外土建成本,或仅需极少的土建改造费用。在地下道路网络较为完善的情况下,以地下道路为地下物流依托设施的可行性较强。

(3) 与地面交通路网衔接紧密,提升通达效率。地下道路网与地面路网系统、地下车库联络道衔接。地下道路以通过功能为主,快慢分离,可满足长距离过境交通的要求,适用于地下物流网络中分拨中心至配送中心的货物快速运输;配送中心至末端用户的支线网络线路较为复杂,末端用户数量较多,适于通过地面道路支线与地下车库联络道连接,以到达功能为主。货物通过与到达功能较为独立,可减少货流与客流之间的相互影响,提升物流运输效率。

(4) 运输安全性较高。地下道路为出入口较少的较为封闭的道路系统,与地下物流结合综合管廊建设一样具有可靠性较高的特点,一方面可隔绝非机动车和慢速车等,维持相对稳定高速的行驶速度;另一方面物流运输过程中可不受地面降雨、降雪和大雾等恶劣天气影响,保证货物运输安全性。

5.3.1.5 各方式整合优化特征

根据以上对地下物流整合优化形式的分析,现从网络覆盖、节点选址、运营组织和对原系统影响等四个方面对其进行总结,如表 5-3 所示。

表 5-3 共享建设形式对比分析

内容	与综合管廊结合	与轨道交通结合	与地下道路结合
网络覆盖	可依托综合管廊干、支线布局形成网络化覆盖	可依托轨道交通车站、线路形成网络化覆盖	可依托点到点地下道路作为物流干线,地块内地下环路作为物流支线,共同形成网络
节点选址	宜布置在沿线物流需求集中区,选址避开管线出入口,尽可能布置在管廊的同侧	轨道交通站点可作为地下物流配送中心,出入口货物流线不对客流产生影响	选址利用地下车库富余空间,靠近地下车库联络道,宜设置在地下道路车辆右出一侧

（续表）

内容	与综合管廊结合	与轨道交通结合	与地下道路结合
运营组织	可开行定制化车辆，全天候运行	运输可采用在原列车基础上加挂货运车厢的方式，也可开行货运班列	运输组织根据需求安排，在客运高峰期可减少货车运行，在货运高峰期间开放货运专用通道
对原系统影响	与管线合舱时需考虑物流对其他管线的影响；分舱时几乎无影响	受轨道客运系统影响大，需在保证客运系统安全的情况下融入物流功能	地下道路封闭性可提高系统独立性，但需谨慎考虑客货混行下的安全性

5.3.2　与综合管廊整合

5.3.2.1　合舱形式

1. 综合管廊规划布局现状

（1）合舱管线类型。

根据《城市综合管廊工程技术规范》（GB 50838—2015）[82]，理论上给水、排水、雨水、污水、再生水、天然气、热力、电力和通信等市政工程管线均可纳入综合管廊，但在舱室布局中，由于各类管线自身安全、空间和辅助设备等要求不同，可合舱的管线种类也存在限制。排水管与雨水管不宜进入综合管廊，因为二者都是重力流管线，对管廊整体坡度有额外要求，会增加造价和建设难度；另外，由于污水管易产生渗漏，对管理也会造成不便，若一定要设置时则宜设于管廊底部。燃气管不宜与其他管线合舱，因为燃气管易发生爆炸，对通风、监测等要求较高，宜单独设置。热力管不宜与电力管线共舱，采用蒸汽介质时宜独立成舱。综合管廊断面示意如图 5-7 所示。

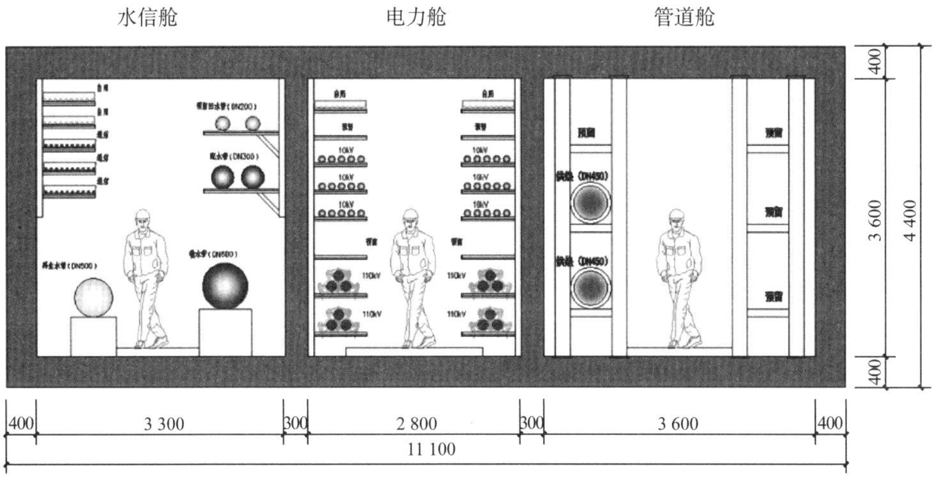

图 5-7　综合管廊断面示意（单位：mm）

(2) 综合管廊节点交叉处理。

不同方向管廊通道有交叉时,可采用上跨或下穿的形式处理,纵向坡度根据管线类型要求确定。在交叉节点处,每个舱室应设置人员出入口、逃生口、吊装口、进风口、排风口及管线分支口等,由于节点处舱室互相间产生影响,应提升节点设计要求以保证安全性。综合管廊节点交叉示意如图 5-8 所示。

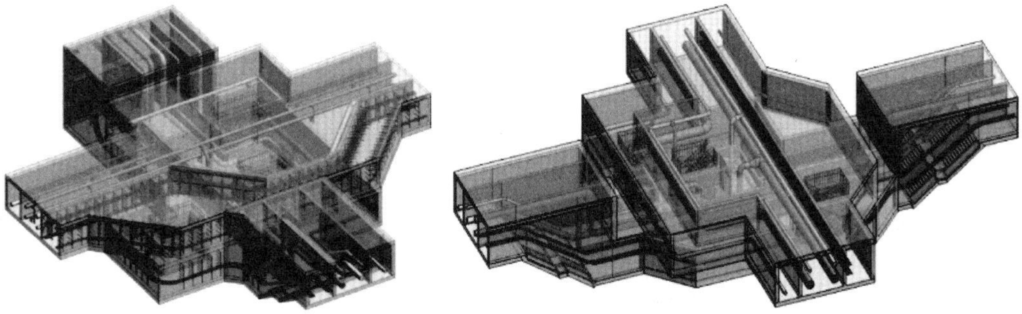

图 5-8 综合管廊节点交叉示意

2. 各类管线与物流合舱适宜性分析

(1) 电力管线。

建议物流舱与高压电力管线分舱设置,与低压电力管线合舱设置。

电力管线可分为高压(110 kV、220 kV)与低压(6 kV、10 kV、35 kV)两类。高压电力管线运行时电缆发热量大,在消防上有产生火灾风险的可能,因此不宜与物流合舱。建议物流与低压电力管线合舱,共享舱室空间。综合管廊电力管线如图 5-9 所示。

(2) 通信管线。

通信管线在一定情况下可与物流合舱。通信管线与物流合舱时,无火灾隐患,对其他管线和设备的影响均较小,但通信管线对电磁干扰较为敏感。物流运输在采用轨道磁悬浮车时需考虑与通信管线的互相影响,不能合舱设置,其他运输设备根据具体情况考虑是否与通信管线合舱。综合管廊通信管线如图 5-10 所示。

(3) 给水、直饮水、再生水管线。

给水、直饮水、再生水管线不宜与物流合舱。三种管线均为有压输送,对纵坡要求较小,对其他市政管线的干扰较小。但作为干线管道时,占用舱室的空间较大,物流可共享的空间有限,且设置水管的舱内空气湿度较高,可能对物流设备产生影响。另外,根据水管管径的大小,可能会产生不同的风险:大管径给水管道有爆管的风险,爆管瞬间水量较大,将对物流运输造成较大影响;中管径管道检修及更换时需要排水;小管径管道漏水,也均对物流运输产生影响。综合管廊给水管线如图 5-11 所示。

图 5-9　综合管廊电力管线

图 5-10　综合管廊通信管线

图 5-11　综合管廊给水管线

(4) 热水管线。

热水管线不宜与物流合舱。通常情况下,热水管线内部热水温度可达 90～200 ℃,热力管线外表面温度可超过 30 ℃。舱内环境温度的升高将影响物流活动,尤其是对温控条件较严格的冷链物流业务的开展。此外,大管径热水管线有爆管的风险。综合管廊热水管线如图 5-12 所示。

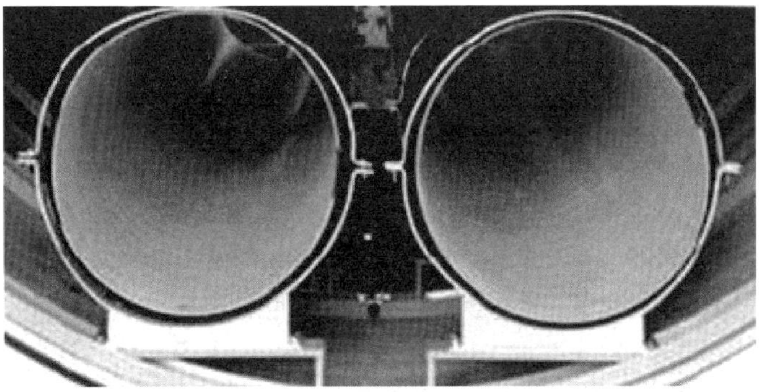

图 5-12 综合管廊热水管线

(5) 垃圾真空管道。

垃圾真空管道不宜与物流合舱。垃圾真空管道中的垃圾以湿垃圾为主,湿垃圾采用负压技术从用户端通过垃圾管道输送至垃圾收集站,湿垃圾直接暴露在管道中,虽然管道较为封闭,但仍有可能产生臭味及泄漏污染,从而降低物流服务水平,因此物流不宜与垃圾真空管道合舱。垃圾真空管道系统如图 5-13 所示。

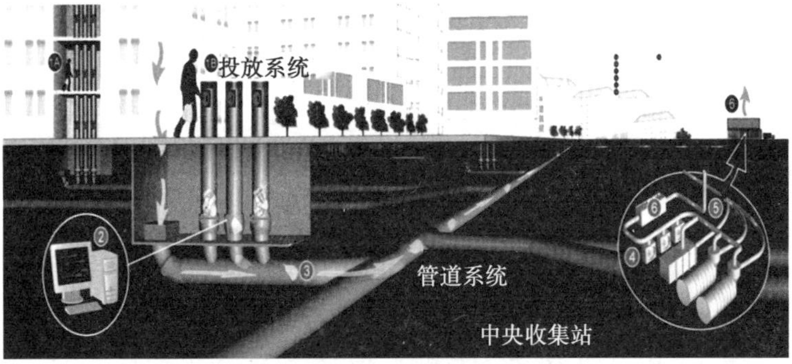

图 5-13 垃圾真空管道系统

3. 合舱断面设计

根据上述各类管线与物流合舱适宜性分析可得:物流舱可与低压电力管线、通信管线合舱设置;但不宜与高压电力管线、给水管线、直饮水管线、再生水管线、热水管线及垃圾真空管道等合舱设置。本书根据合舱适宜性,通过调整舱室尺寸和加舱的方式,设计了两类不同的断面方案。设计方案的基础断面如图 5-14 所示。

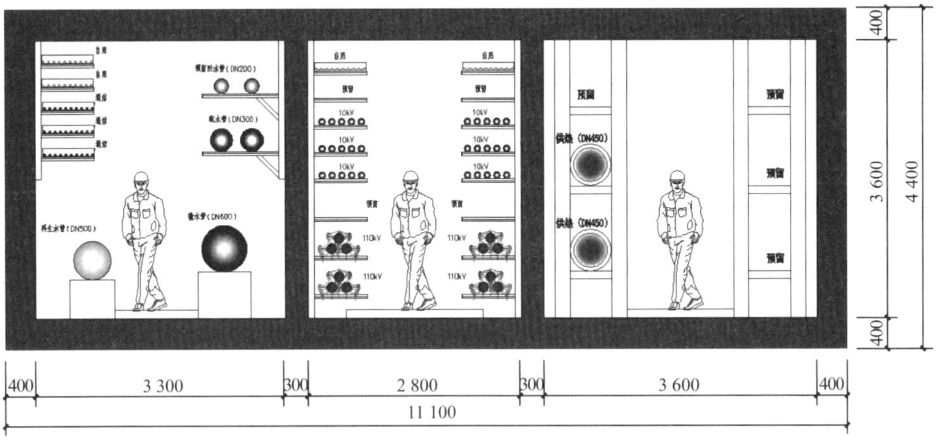

图 5-14　综合管廊断面(单位:mm)

(1) 合舱方案一。

方案一在综合管廊原有断面的基础上,增加了一个舱室,将有爆管安全隐患的大管径供热和给水管线独立成舱布置,物流与通信和小管径水管合舱。该方案中合舱管线与物流间的互相影响小,安全系数高,但增加了一个舱室可致投资成本增加。合舱方案一如图 5-15 所示。

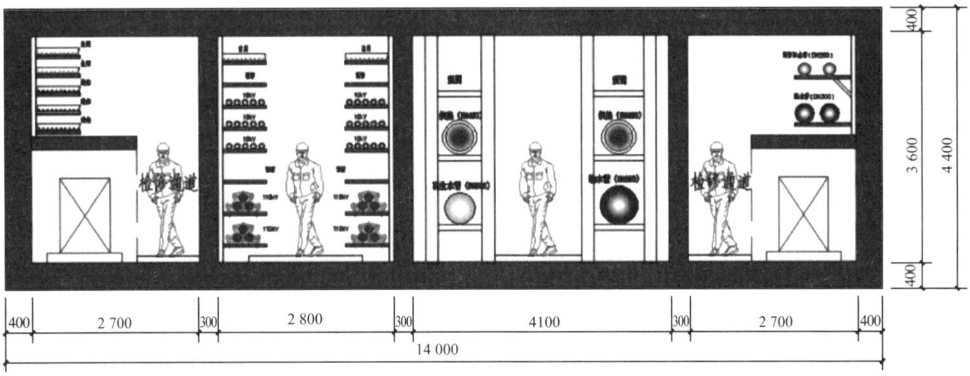

图 5-15　合舱方案一断面(单位:mm)

(2) 合舱方案二。

方案二的设计原则是在保障一定安全的情况下,尽可能不增加舱室,减少建设成本的投入。方案二中,物流在一侧与通信、大管径再生水及给水管线合舱,在另一侧与供热管线、小管径合舱,在原本舱室断面基础上加高加宽,其中给水管物流空间宽度约 2 m。该方案的优点是可维持原有舱型,加高的空间可用于增加预留管位;物流空间与管位之间通过隔板隔开,可减少互相影响;方案二的舱室数量较少,占用空间较方案一更小,可一定程度上节约投资。但由于物流与大管径管线合舱,存在小概率发生大管径管线爆管的可能。合舱方案二如图 5-16 所示。

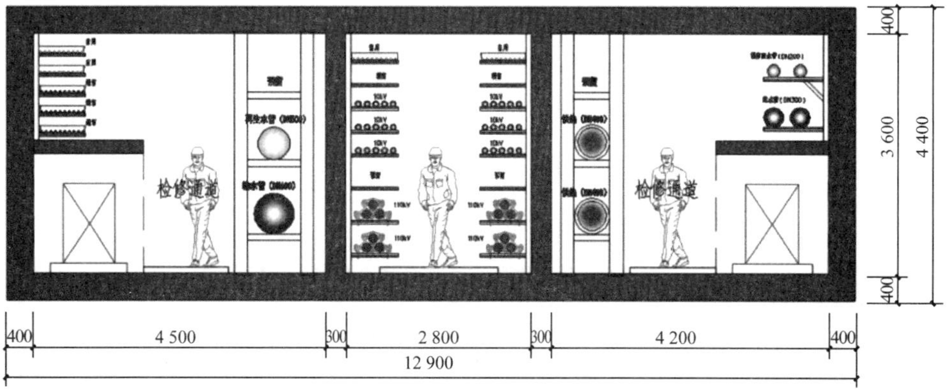

图 5-16　合舱方案二断面(单位:mm)

4. 合舱运维

在合舱情况下的运营管理以及维护方面,还有需要进一步研究的问题。如在空间权限上,物流功能对空间的永久占用或临时占用,对综合管廊未来管理与运营产生影响。在管廊内增加物流基础设施,对原本管廊工程设计规范中的环境、消防和出入口设置提出了新的要求,如何合理融入新的要求成为难点。在风险管理上,管廊与物流互相间产生的风险影响需明确责任主体,未来在协调上易产生矛盾。

5.3.2.2 分舱形式

由上述研究分析得,物流与管线合舱建设在技术上可行,但在空间权限、建设标准、线形设计及风险管理等方面存在较多问题,在规划初期采用与综合管廊分舱建设的方式可较好地规避可能存在的问题和风险。运输通道的断面设计有以下四种分舱方案。

(1) 分舱方案一。

方案一为结合综合管廊的双向物流运输通道断面,在原综合管廊的基础上,在两侧各增加一个仅用于物流功能的舱室。物流舱满足物流车辆限界及检修通道要求。分舱方案一中物流与管线之间无影响,且物流舱位于管线舱两侧,物流出入口可与管线出线口互不影响,设置较为灵活。在实际工程应用中,该方案需要有足够的道路红线宽度支撑。分舱方案一如图 5-17 所示。

(2) 分舱方案二。

考虑到实际工程应用中道路红线的限制,方案二的分舱是通过增加了管廊净高而非加宽断面来增加管廊可用空间,在竖向上将物流舱与管线舱分离。该方案同样没有管线

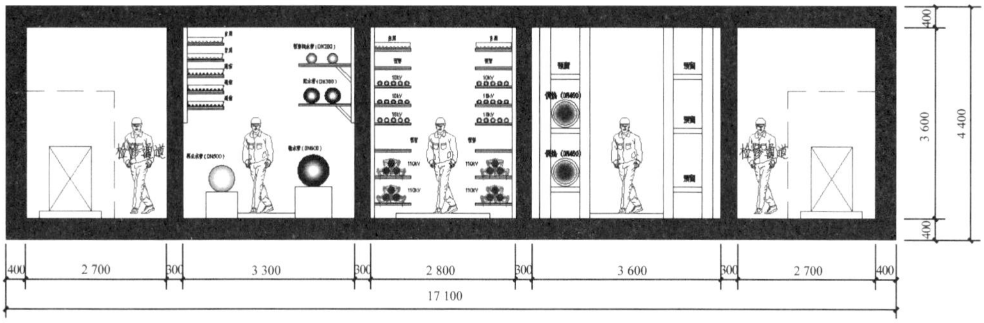

图 5-17　分舱方案一断面(单位:mm)

与物流之间的安全问题,相比方案一,在横向上的要求较低,且物流舱可灵活用作其他管线舱,出入口开口也可根据物流服务需要设置。但由于增加了管廊净高,整体埋深较方案一更深。分舱方案二如图 5-18 所示。

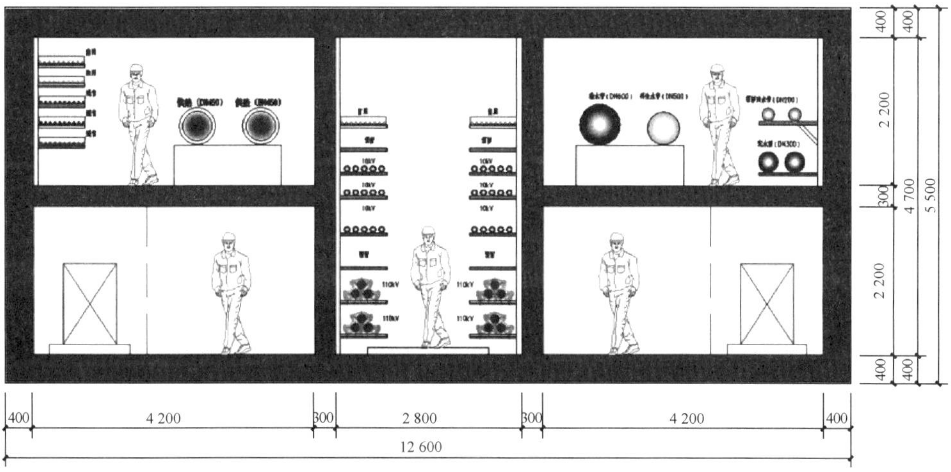

图 5-18　分舱方案二断面(单位:mm)

(3) 分舱方案三。

该方案中,物流舱位于综合管廊上方,且物流舱与综合管廊间有夹层空间。管廊上方空间需设置分支口、逃生口风机(通风口)等设施;其中分支口每 200 m 左右设置一处,节点断面需加宽、加高;而逃生口、通风口均要伸出地面,需全深度占用地下空间。其次对于物流运输通道而言,其在管廊上方需具有平缓、顺直的空间线型;结合综合管廊节点断面的变化,可采用增设夹层的方式进行处理,如图 5-19 所示。

可见,通过设置夹层空间的方式可以解决管廊分支口、通风口、逃生口等节点对物流运输通道的影响问题,使二者保持功能上的独立性。但该方案的缺点也非常明显,由于此类节点在全线管廊中的占比较小,且管廊宽度较大,从而导致夹层、物流运输通道层空间

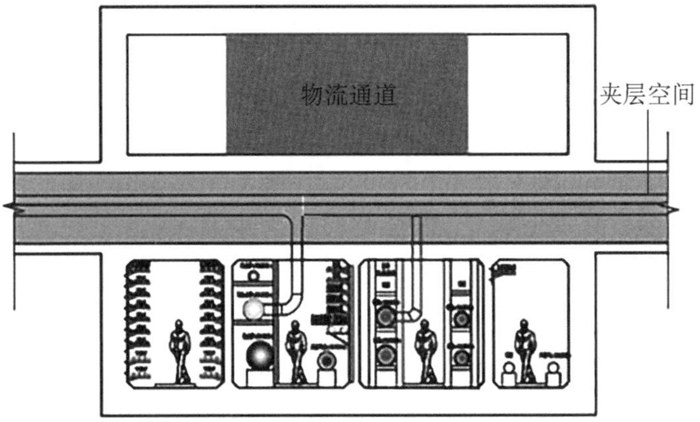

图 5-19 竖向共建形式断面

的大量浪费;此外,该模式下基坑开挖深度大幅增大,投资大幅增大。

(4) 分舱方案四。

为了进一步集约空间断面、减少空间闲置、降低工程投资,本方案尝试将物流廊道层与夹层空间合并、融合。将两层空间合并为一层,管廊分支口出线利用物流通行净空上方空间,同时,通过适当加宽共构体的断面宽度,使该层空间在除去物流运输通道占用部分后,仍能满足各舱室的出线、排线需求以及通风、逃生等空间需求。从而大幅降低共建断面的高度,实现地下空间的集约化利用,如图 5-20 和图 5-21 所示。

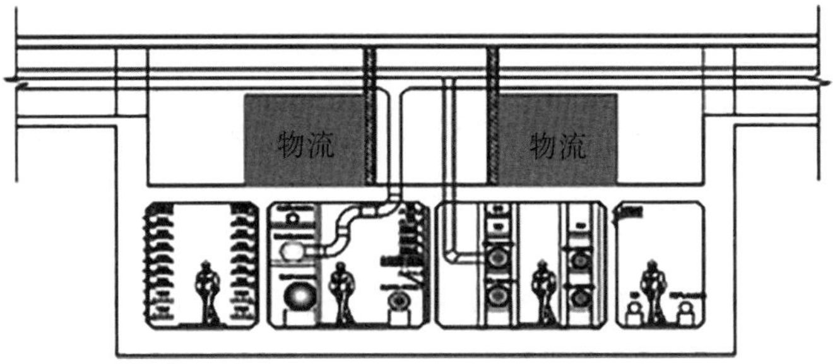

图 5-20 竖向共建形式优化断面一

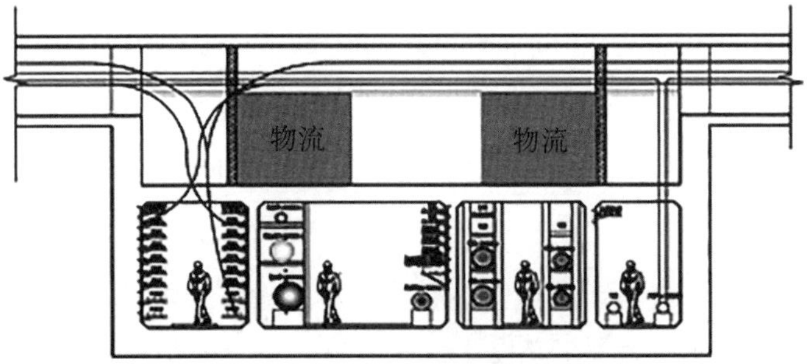

图 5-21 竖向共建形式优化断面二

由以上分析可知，在分舱方案中，物流运输通道与综合管廊的竖向共建模式（方案三、方案四）也具备较好的可行性，该模式下物流运输通道可同时服务两侧地块，且可结合综合管廊的舱室布置进行集约化空间利用，使物流专用通道的服务能力大幅提升。

5.3.2.3　形式特征

总体上物流与综合管廊结合的形式中，分舱形式优于合舱。

在安全程度上，分舱形式中物流舱与管线舱通过隔离墙完全分离，不需考虑管线爆管、火灾、高温和电磁干扰的安全隐患，分舱比合舱更为安全。

在出入口设置上，物流需求点相对较多，需在管廊上根据需要灵活开口，合舱形式需协调管线的出线要求，较难满足物流运输的开口要求。

在设备选择上，分舱形式可选择的设备类型更多样，满足近远期物流运输设备的使用要求。近期试验阶段货物运输要求较低，物流设备尺寸较小，远期无人、自动化技术完善后因物流舱预留空间充足，有条件更新设备和相关辅助设施。

在节点衔接上，为了服务更大的区域，物流专用通道需在综合管廊内、外侧间进行多次转换，局部还需穿越管廊其他路段，如何处理物流专用通道与综合管廊的节点关系是该系统的主要难题。综合管廊在交叉节点设计时，为了满足人员通行需求和内部管线的衔接，往往采用加高、加宽截面尺寸的方式，或采取增设夹层的方式来解决。在其与地下物流专用通道整合的情况下，可充分利用综合管廊线型自由度较大的特点，并结合其节点方案的设计实现物流专用通道的顺利穿越。

5.3.3　与轨道交通整合

5.3.3.1　加挂形式

加挂形式，是在传统轨道交通列车尾部加挂货运车厢，通过客货共线运输的方式实现物流运输。采用加挂形式需设置货运专用站台实现物流在站的转运。这种运输方式对轨道交通设施的改造较小，可集约利用地下空间，但依赖于高水平的自动化运营调度系统。加挂货运车厢概念形式如图 5-22 所示。

1. 车站作业

加挂货运车厢形式下，货运车厢在站台的装卸货自动化水平，需保证货物在站装卸时间能与旅客乘降保持一致，避免物流对客运产生影响。

根据目前货运自动化装卸技术条件[83]，可完成在站 1.5 min 的装卸货作业。轨道交通

图 5-22　加挂货运车厢概念形式

高峰运营时段内，客运停站时间在 0.5～1 min；非高峰期间，客运停站时间为 2～4 min。因此，在轨道交通非高峰运营时段内，可保证物流装卸货作业不影响客运交通效率。

2. 运输能力

地铁 A 型车为国内使用最普遍的轨道交通车型，使用于北京、上海、深圳等最繁忙的干线上，地铁 A 型车如图 5-23 所示。

图 5-23　地铁 A 型车

运输能力的测算以地铁 A 型车为例。地铁 A 型车尺寸为：长 22 m，宽 3 m，高 3.8 m。经货运化改造后，单节车厢空间可装载 60～80 m^3 货物，通常加挂 1～2 节货运车厢。车厢货运化改造如图 5-24 所示。

货运对象以快递包裹计算，为降低客货运运营影响，时段以非高峰小时为标准。非高峰期发车频率按 10 min 计，即 6 列/h。旅客乘降时间按 2 min 计，货运车厢装卸货按 1.5 min 计，在站装卸货时间小于旅客乘降时间。货运改造后的车厢装载空间按 60 m^3 计，

图 5-24　改造后车厢内货物处理系统

可容纳 2 640 件包裹。若加挂车厢数按 2 节计算,即一列车可装载 5 280 件包裹,非高峰小时可运输 31 680 件包裹。

通过比较运输能力与物流需求总量,可判断加挂货运车厢形式是否满足物流需求,由此制订后续物流策略。

5.3.3.2　货运专列

货运专列形式,是通过在列车运行图中插入额外的货运列车,或是将货运列车替换客运列车用于物流运输的方式。与加挂形式相比,货运专列将占用线路运力,但客货运交叉影响小,更利于行车安全。

1. 车站作业

开设货运专列需要对轨道交通车站做相应的改造。线路改造方面,需增加分岔的货运到发线,用于货运专列的停靠及装卸货作业;站台改造方面,需在车站侧向增加货运站台,货运站台与客运站台通过正线隔离,客货运互不影响。货运专列车站改造形式如图 5-25 所示。

2. 运输能力

货运专列运输能力测算方面,车型采用地铁 A 型车,运输速度、单节运载能力与加挂货运车厢的算例中相同。

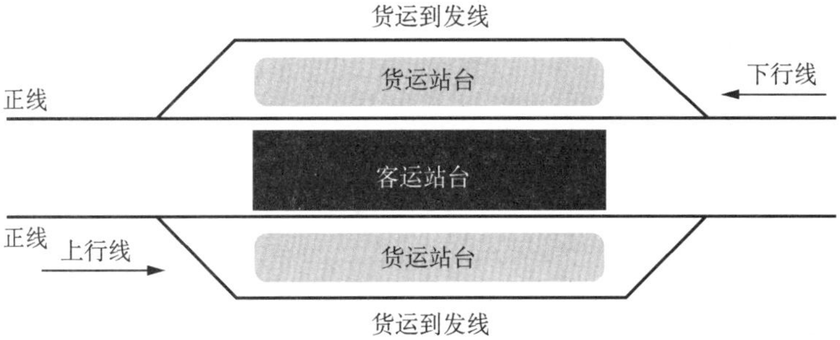

图 5-25　货运专列车站改造形式

非高峰期发车频率按 10 min 计，即 6 列/h。考虑在原运行图中替换部分客运线为货运线，每 2 对客运车开行 1 对货运车，即小时内共开行 4 对客运车、2 对货运车。货运专列的编组计划可根据物流需求，采用 4～8 节编组。本书按 6 节编组考虑，货运专列在客运非高峰小时可运输 31 680 件包裹。

5.3.3.3　形式特征

加挂形式的本质是客货共线，不额外挤占客运运力。此外，对车站的设施改造程度较小，仅需在站台上设置货运装卸区。但是，货运车厢在站台的装卸货自动化水平和可靠度将直接影响轨道交通线路的整体服务水平，避免货运在站作业出现延时或者错误，严重者将导致行车事故。

货运专列形式的本质是客货分线，分线运输时客货运无交叉影响，利于行车安全。货运专列的装卸货站台为独立形式，装卸货时间较为灵活。列车编组可根据实际物流需求灵活调节，以提供不同等级的运输能力。但货运专列对站台改建较大，相对成本较高，且占用部分客运运力，不适用于客运压力较大的运输区段。

因此，在物流结合轨道交通的形式选择上，需根据物流需求量、改造可行性和成本预算等条件进行综合判断。

5.3.4　与地下道路整合

5.3.4.1　专用通道

针对货车在车型大小、行车速度、安全等级等方面与客运汽车存在的差异，通过设置货运专用道可避免客货混行时所产生的交叉影响，提高客货运双方的行驶效率。地下货运专用道则是在地下道路中隔离出专供地下物流使用的具有独立路权形式的车道。设置货运专用道时需考虑以下两方面。

1. 分隔方式

在地下道路中可以利用地面标线划分出地下货运专用道，禁止其他车辆随意占道行驶。在地下道路建设成本较高、双向车道扩充不便的情况下，该分隔方式可根据客货运高峰时段交通状况进行潮汐车道调控，在客运高峰期时，货车专用道也可兼作客运通行功能。该分隔方式几乎无改造成本，可适用于现状已建成的大部分地下道路，在管理措施完善的情况下，该方式的可实施性高。

2. 设计参数

由于货运车辆与客车尺寸存在较大差异，地下道路在设置货运专用道时需考虑设计参数与原道路的区别，设计上作相应的调整。例如，最小车道宽需要根据货车尺寸适当拓宽，车道净空适当增大，车道出入口的转弯半径也需根据货运车辆的轴距适当变大。在通道参数较难调整的情况下，可通过限定进入地下货运专用道的车型、载重量等，协调客货流车辆的尺寸、运输速度等。

5.3.4.2　公共通道

公共通道适用于货流量不大的情况。公共通道中实行客货混行，交通状况较为复杂，具有一定的安全风险。大部分城市内的地下道路为公共通道形式，如图 5-26 所示。

图 5-26　地下道路

5.3.4.3 形式特征

1. 设施改造

公共通道的基本功能为通行客运车辆。

专用通道需在原有基础上进行必要的改造，以满足物流功能的设施要求。

2. 车辆选型

根据现行规范，地下道路公共通道内仅可通行标准车辆，而专用通道中可通行非标车辆。小型非标车辆更适应小编组、高密度的地下物流运营特性，但非标车辆需要研发定制。

3. 建设成本

考虑到各地块地下空间之间相对独立，二者均需额外建设地下连接线将各地块进行串联，地下连接线将增加建设成本。

4. 无人驾驶

在无人驾驶近期还无法全面实现的情况下，为避免地下道路混行可能产生的效率、安全等风险，专用通道可专供无人驾驶通行。

5.4 本章小结

本章对城市地下物流运输通道优化进行了研究，优化的核心理念为"整合共建、功能复合、面向实施"。

首先，研究了地下物流运输通道规划的基本理论，包括规划原则、构成要素、规划内容和规划方法，作为运输通道优化的理论基础。

其次，研究了运输通道网络的体系结构与网络形态，为运输通道的整体布局提供决策依据。本章所研究的地下物流运输通道网络由两个层级组成，分别为连接不同层次节点的干、支线通道。列举了线状、树状、环状、栅格状和混合形态等五种网络形态。不同网络形态有其各自不同的适应性，应从城市用地功能布局、物流需求量、运输效率、建设成本等多方面综合考虑。在地下物流先行先试地区，建设初期宜采用点对点直达的线状形态，建设成本较低。根据地下物流网络初期使用情况，可再确定下一步网络延展方案，远期可逐步形成完整的栅格状或混合形态，最大程度发挥网络的运输效率。

最后,重点研究了地下物流运输通道与相关基础设施整合优化的形式。地下物流运输通道与综合管廊、轨道交通和地下道路的整合优化均具备较高的可行性。地下物流运输通道的成网运行需满足一定的基本条件,即存在具有一定规模的节点体系与对应的联系通道。而综合管廊、轨道交通和地下道路等相关基础设施,均具备大规模、网络化的开发趋势,这为地下物流运输通道的整合共建提供了空间载体。通过对网络覆盖、节点选址、运营组织、对原系统影响等方面的分析可知,上述三类对象的整合方式之间存在一定差异,需根据实际工程情况进行整合方式的优选。根据路权形式,研究将各设施的建设形式进行了详细分类,分为专用通道与公共通道,并对二者的特征进行了比较。

地下物流运输通道与综合管廊整合优化时,可分为合舱与分舱两种形式。合舱方案主要考虑各类管线与物流的合舱适宜性,物流可与低压电力管线、通信管线合舱设置,但不宜与高压电力管线、给水、直饮水、再生水管线、热水管线及垃圾真空管道等合舱设置。分舱方案则将物流功能独立成舱,隔绝与管线之间可能存在的交叉干扰。经研究,分舱方案在安全性、出入口设置、设备选择及节点衔接等方面均优于合舱方案。

地下物流运输通道与轨道交通整合优化时,可分为加挂形式与货运专列形式两类。加挂形式的本质是客货共线,对车站的设施改造程度较小,但对货运车厢在站台的装卸货自动化水平和可靠度有着较高的要求。货运专列形式的本质是客货分线,客货运无交叉影响,有利于行车安全,但货运专列对站台改建的影响较大,相对成本较高,且占用部分客运运力。在两种形式选择上,需根据物流需求量、改造可行性和成本预算等条件进行综合判断。

地下物流运输通道与地下道路整合优化时,可分为专用通道与公共通道两类。专用通道可避免客货混行时所产生的交叉影响,提高客货运双方的行驶效率;而公共通道实行客货混行,适用于货流量不大的情况。

第6章 雄安新区地下物流系统

6.1 背景介绍

6.1.1 区位背景

雄安新区作为北京非首都功能疏解集中承载地，与北京城市副中心形成北京发展新的两翼，共同承担起解决北京“大城市病”的历史重任。雄安新区的建设有利于探索人口经济密集地区优化开发新模式；培育建设现代化经济体系的新引擎，推进张北地区建设，形成河北两翼，补齐区域发展短板，提升区域经济社会发展质量和水平，有利于形成新的区域增长极；有利于调整优化京津冀城市布局和空间结构，建设高水平社会主义现代化城市，加快构建京津冀世界级城市群；创造“雄安质量”，有利于推动雄安新区实现更高水平、更有效率、更加公平、更可持续发展，打造贯彻落实新发展理念的创新发展示范区，成为新时代高质量发展的全国样板。

雄安新区的范围包括雄县、容城、安新三县行政辖区（含白洋淀水域）及任丘市鄚州镇、苟各庄镇、七间房乡和高阳县龙化乡，规划面积 1 770 km^2，远期规划人口为 200 万～250 万人，人口密度为 1 000～1 250 人/km^2。

雄安新区地处北京、天津、保定腹地，距北京、天津均为 105 km，距石家庄 155 km，距保定 30 km，距北京新机场 55 km，区位优势明显，交通便捷通畅，地质条件稳定，生态环境优良，资源环境承载能力较强。且新区现有开发程度较低，发展空间充裕，具备高起点、高标准开发建设的基本条件。

容东片区位于雄安新区北部，在交通区位上，片区位于荣乌高速以北、津保铁路以南，具备良好的区位优势。在城市规模上，片区规划用地面积 12 km^2，规划总人口 17 万人，可进行较低密度的高标准开发。

6.1.2　政策背景

容东片区的上位规划及相关规划，均明确提出了规划建设地下物流系统的策略，同时对物流终端和通道布局提出了限制性要求。所涉及的规划包括《容东片区控制性详细规划》《容东片区物流专项规划》《容东片区地下空间专项规划》《容东片区综合管廊专项规划》等。

《容东片区控制性详细规划》提出："积极探索利用地下管廊和共构模式等，构建地下智能物流系统，建设智慧物流信息平台，实现智能配置物流资源、智能优化物流环节、智能提升物流效率。在物流系统规划上，片区建立由物流分拨中心、社区配送中心组成的两级配送体系。在片区西北侧、白洋淀火车站以北，规划 1 座物流分拨中心，结合邻里中心、商业中心、商务中心设置 24 个社区配送中心。"上述规划涉及的布局如图 6-1 和图 6-2 所示。

图 6-1　容东片区物流分拨中心布局

图 6-2　容东片区物流配送中心布局

《容东片区物流专项规划》提出："配送中心按照 300 m 服务半径达到 70% 覆盖率，500 m服务半径达到 100% 覆盖率进行布置，规划共设置 24 个社区配送中心。"

《容东片区地下空间专项规划》提出："容东片区地下空间发展呈现'一主、一辅两条主轴'，整体形成'中心＋外围'的发展结构，集中形成'1 个核心、3 个次级中心'。"地下空间规划如图 6-3 所示。

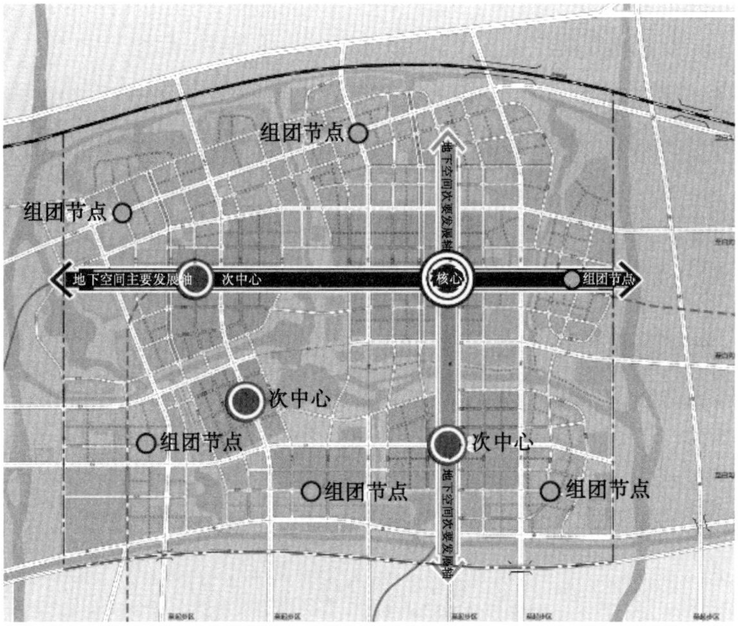

图 6-3 容东片区地下空间规划

《容东片区综合管廊专项规划》提出："在容东片区规划建设 5 条综合管廊，呈'一环七支'结构，敷设于主次干路及Ⅰ级支路下方。"在综合管廊断面上，入廊管线有给水、再生水、电缆、光缆、供能管道等，形式以四舱断面为主。综合管廊规划如图 6-4 所示。

6.1.3 研究对象

本书研究的主要对象为城市地下物流系统，主要包括城市地下物流系统的必要性与可行性、物流需求预测、系统网络构成、物流终端规划与运输通道规划。

地下物流是智能物流的一种形式。智能物流与传统物流是一对相对应的概念。传统物流是指为了满足客户的需求，以最低的成本，通过运输、保管、配送等方式，实现原材料、半成品、成品或相关信息进行由商品的产地到商品的消费地的计划、实施和管理的全过程。传统物流存在一些弊端，比如占用公共资源尤其是道路资源，不支付外部成本，比如污染城市环境等，同时以人工方式为主，效率较低。

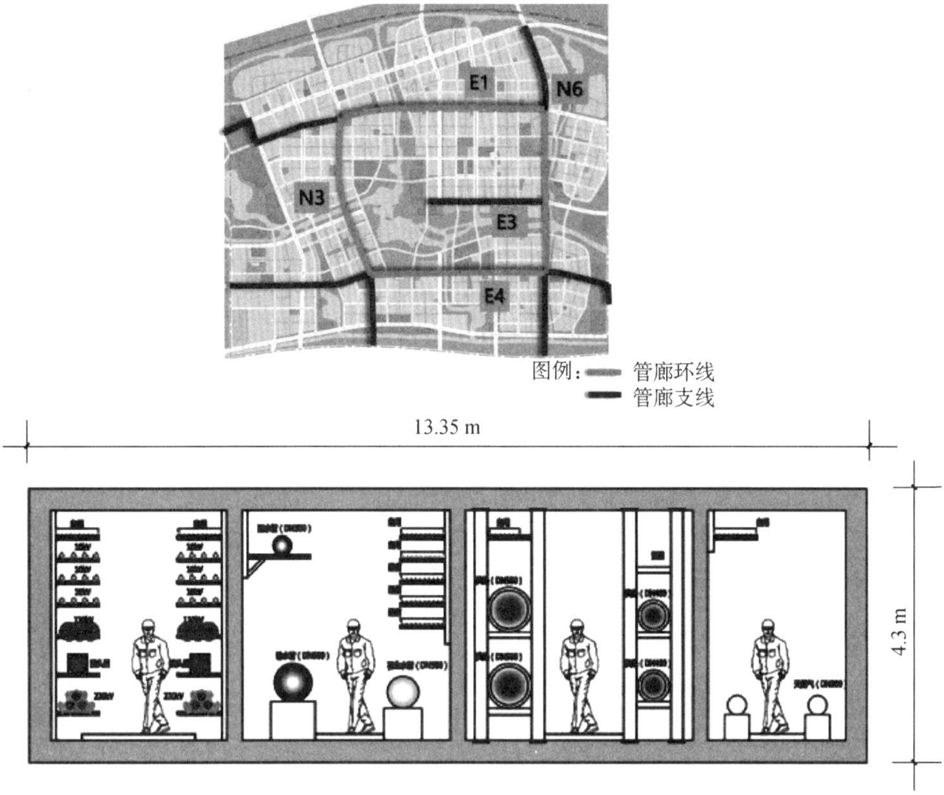

图 6-4　容东片区综合管廊规划

地下物流具备智能物流的基本性质。智能物流是在智能交通系统和自动化技术、信息技术的基础上，以电子商务方式运作的现代物流服务体系。地下物流具有以下特征：在服务上，可做到随时、即时、准时，同时追求资源的协同、共享、绿色，可满足客户不同的物流需求。在运营上，采用共同配送，可通过对场地、车辆、人员等资源的统一整合，提高效率，降低成本，实现社会资源共享。在技术上，有自动化、智慧化的特征，利用机器人、自动行驶技术、高度自动化设备，并搭建物流智慧中枢平台，统一管理。在设施上，具有自有独立空间，立体开发，地面、地下、空中多种形式并存。而地下物流是智能物流的一种形式，充分体现了智能物流立体化、自动化、高效准时、资源共享等特性。

6.2　可行性分析

6.2.1　城市物流需求

容东片区功能定位与雄安新区一致，为北京非首都功能疏散地、高水平建设城市、京津冀核心城市。规划将片区打造成绿色生态宜居新城区、创新驱动发展引领区、协调发展示范区、开放发展先行区和创新发展示范区。容东片区所在的城市发展战略定位较高，从功能定位看，该片区将集聚整个京津冀片区的优质发展资源，包括发展优惠政策、创新型劳动力等，从而有助于未来该片区经济发展水平的提升。

容东片区未来经济发展潜力较大，经济活动间产生的物资交换频率越大，随之产生的物流需求规模也将增大，可通过建设城市地下物流系统应对较大物流需求所带来的挑战。

容东片区承接的主要功能为科研高校、企业总部、金融机构、事业单位等，以创新型产业为主，强调科技创新，从产业发展定位来看，该片区产业结构以第三产业为主。因此，该片区物流需求将集中在居民日常消费品类型上，包括“零担＋快递”配送、即时配送及物资回收，这些是地下物流可承运的主要货物类型，如图 6-5 所示。

图 6-5　容东片区地下物流可承运的主要货物类型

6.2.2　地下基础设施

容东片区内规划有较大规模的地下空间，且在物流需求量较为集中的中心地块实施地下空间整体开发，地下空间开发规模为地下物流通道及节点基础设施布局提供了充足的空间。

容东片区内相关基础设施的种类及网络结构较为完整。片区内规划有综合管廊、地下道路和轨道交通，且综合管廊与地下道路根据地面道路布局呈网络状分布，设施内部网络连通性较强，网络体系较为完善，地下物流网络可依托相关基础设施进行规划。轨道交通为远期规划，近期仅作空间预留。

6.2.3　成本效益

容东片区内地下基础设施规划较为完善，地下物流系统结合地下基础设施进行建设时，可较大幅度节省建设成本。效益方面，考虑到地下物流可运货物为快递包裹，是片区内主要物流需求类型，其需求量较大，产生的效益也较为可观。

6.2.4 工程技术条件

容东片区整体位于北方地势高差较小的地区，城市选址避开自然灾害易发地段，可保证地下物流工程安全性。规划建设较大面积地下空间，其工程技术可行性及工程施工方法已通过验证。

6.3 需求预测

通过分析，已明确容东片区发展定位、产业结构以及物流需求规模与类型。考虑到该片区为规划新城，缺乏物流历史数据作为需求预测的支撑，因此，在物流需求预测的方法选择上，宜采用类比和定量相结合的综合预测方法得到片区物流预测值。

6.3.1 人均日物流需求量

容东片区物流以满足该片区内部居民日常生活的社会消费品和发展高新产业所需的高端设备仪器等为主，不包含大宗物资和建筑材料。

首先采用类比分析法，对北京、上海、广州、深圳、天津、重庆等城市的货运总量和常住人口的关系进行分析。分析结果如表 6-1 所示。

表 6-1　各大城市货运量与常住人口关系

城市	货运量	年份				
		2013	2014	2015	2016	2017
北京	人均年货运量/t	13.97	13.72	13.25	11.09	11.00
	人均日货运量/kg	38.26	37.58	36.31	30.38	30.14
上海	人均年货运量/t	37.90	37.24	37.78	36.65	40.22
	人均日货运量/kg	103.83	102.04	103.49	100.42	110.18
广州	人均年货运量/t	69.08	73.77	74.36	80.25	83.28
	人均日货运量/kg	189.26	202.11	203.74	219.86	228.16
深圳	人均年货运量/t	27.93	27.26	28.54	26.17	25.76
	人均日货运量/kg	76.52	74.69	78.19	71.70	70.57
天津	人均年货运量/t	35.05	33.59	34.38	33.02	34.04
	人均日货运量/kg	96.03	92.02	94.18	90.46	93.25
重庆	人均年货运量/t	32.80	32.52	34.68	35.38	37.51
	人均日货运量/kg	89.85	89.10	95.01	96.93	102.76

从表 6-1 可见，港口城市的人均货运量较大，物流产业为这类城市的重点发展对象。

相对而言,雄安新区容东片区定位与北京较为一致,物流产业并非城市重点发展对象,而仅为生产生活提供必要的物流服务。近年来,随着北京非首都职能的疏解,人均货运量呈下降趋势,根据《北京市物流专项规划》,2035 年北京市疏解非首都职能后,人均日货运量将降为 17～20 kg。

综合利用类比分析法以及灰色预测法,预测 2035 年容东片区人均日物流需求量约为 20 kg,根据该片区 17 万人的人口规模,2035 年该片区日物流需求总量为 340 kg。

6.3.2 地下物流人均日需求量

地下物流所能承运的对象主要为零担、快递。因此,需在容东片区 2035 年人均日物流需求量 20 kg 的基础上,对其中零担、快递物流量进行计算。本书利用累加法和刨除法分别计算地下物流可承运的零担、快递物流量。

其中,通过累加法加总 3C、食品饮料、日用百货等可放入地下物流进行运输的货物品类(表 6-2),得到地下物流可承运的物流量为 3.4 kg/(人 · d^{-1}),该物流量为下限。通过刨除法,刨除冷链、整天及大型商户零担,地下物流可承运的物流量为 7.5 kg/(人 · d^{-1}),该物流量为上限。因此,片区的地下物流零担、快递配送需求量为 3.4～7.5 kg/(人 · d^{-1})。考虑到后续计算,尤其是地下物流通道规模的匡算,须为未来通道规模预留足够空间,则零担、快递的人均日物流需求量取较大值——7.5 kg/(人 · d^{-1})。

表 6-2　累加法中地下物流可运货物类型

是否可运	商品件型	货物品类
可运	中小件(最长边<90 cm)	3C、食品饮料、日用百货、服饰、图书音像等
不可运	大件(最长边≥90 cm)	大家电、大型家具、大型展品、家装、建材、冷链(生鲜农副)等
禁运	—	爆炸品、气体、易燃液体、毒性物质、放射性物质、腐蚀性物质、活物、违禁品等

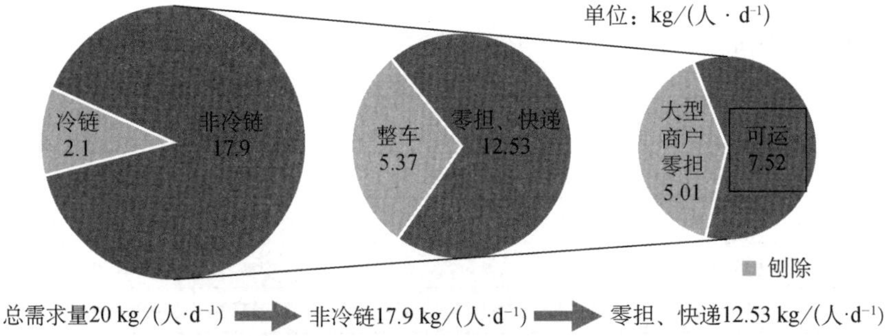

图 6-6　刨除法得到的地下物流人均日需求量

6.4　规划方案

本次地下物流系统规划实例中应用分拨中心、配送中心两级物流体系结构。根据上位规划的要求，容东片区分拨中心依托片区北部高铁站建设。上位规划中已确定 24 个社区配送中心的分布，根据用地功能规划，中心区地下物流需求量较大，规划以中心区 10 个社区配送中心为主。

根据容东片区内地下基础设施建设时序，综合管廊为近期建设设施，且综合管廊干线覆盖片区中心区，沿线存在较大规模的商业地块，竖向标高与地下商业区相一致。在建设形式上，研究采用地下物流与综合管廊整合建设的形式。

相比综合管廊，容东片区内远期规划的轨道交通线路仅有两条，站点覆盖的服务范围较小，且在远期建设实施不能满足近期即存在的物流需求；容东片区内地下道路规模有限，无法覆盖片区中心区。因此，结合轨道交通或地下道路的方式均不适宜该片区。

考虑到安全性及规划条件的可行性，地下物流系统与综合管廊整合采用物流舱单独分舱建设的专用通道形式，可保证物流运输在管道中的安全性，最大化物流运输效率。

6.4.1　规划原则

(1) 先行先试，突出重点，地下物流以服务容东片区内重点区域为主。

(2) “整合共建、功能复合、面向实施”，地下物流通道采用与综合管廊结合建设的形式。

(3) 末端配送利用地下空间，配送载体近期以人为主、人机协同。

(4) 地下物流系统可服务商户到用户的物流配送全过程。

6.4.2　体系架构

1. “零担＋快递”配送体系

“零担＋快递”配送体系为地下物流的主要体系，由分拨中心、社区配送中心两级体系构成。配送网络的起点为分拨中心，分拨中心通过地下物流通道与社区配送中心相连接，通道内开行无人驾驶车辆，提供城市配送服务功能。社区配送中心至用户的终端通过地下空间连接，提供末端配送的服务功能，在服务载体上，可选择共配公司的配送员、配送机器人、管道等多方式。容东片区“零担＋快递”配送体系如图 6-7 所示。

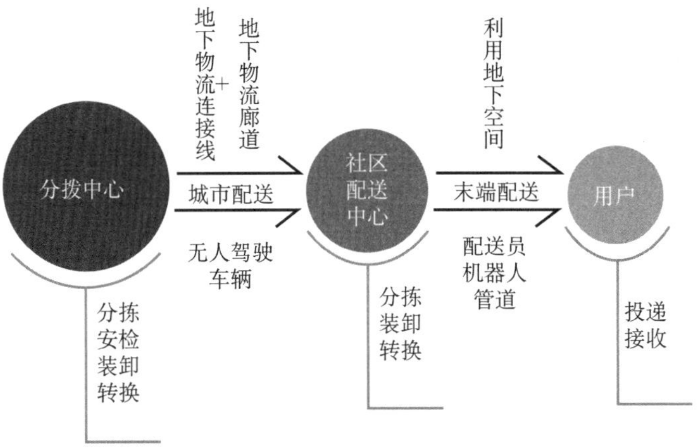

图 6-7　容东片区“零担＋快递”配送体系

2. 即时配送体系

在即时配送体系中，商户与社区配送中心之间通过自动化设备无缝衔接，社区配送中心之间通过地下物流通道连接。即时配送包含两种情况：一是利用地下物流通道进行转运再配送，二是直接通过末端配送网络就近到达用户的直送情况。容东片区即时配送体系如图 6-8 所示。

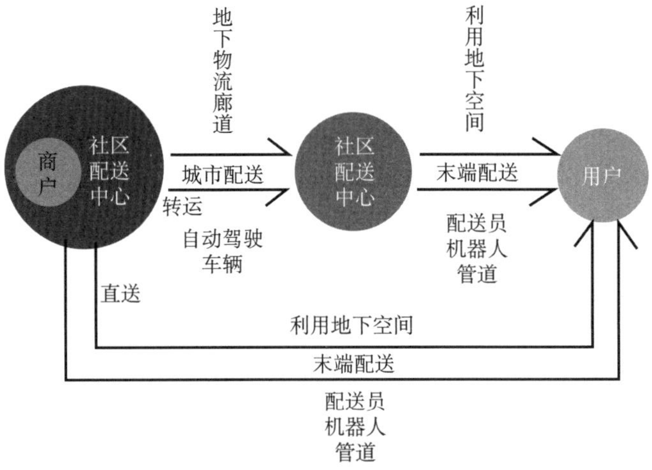

图 6-8　容东片区即时配送体系

3. 物资回收体系

在物资回收体系中，垃圾转运站和废品回收站均位于社区服务中心内，可以通过地下物流通道与分拨中心相连接。物资回收与“零担＋快递”、即时配送所使用的运载工具均为无人驾驶车辆。容东片区物资回收体系如图 6-9 所示。

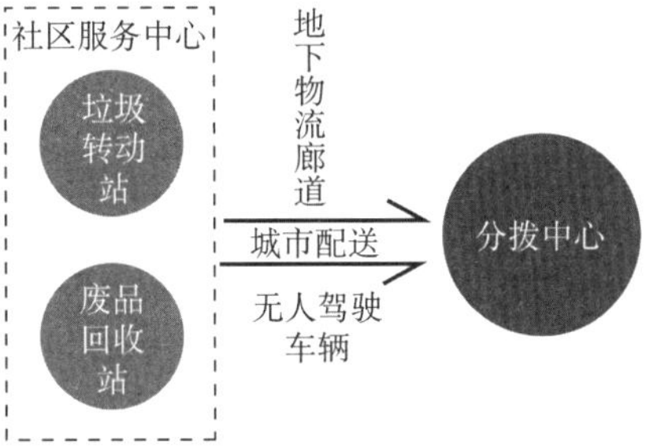

图 6-9　容东片区物资回收体系

6.4.3　总体方案

根据综合管廊的网络布局形态，方案研究采用环状地下物流网络形态，连接分拨中心与中心区 10 个社区配送中心。与综合管廊结合的地下物流网络规划如图 6-10 所示。

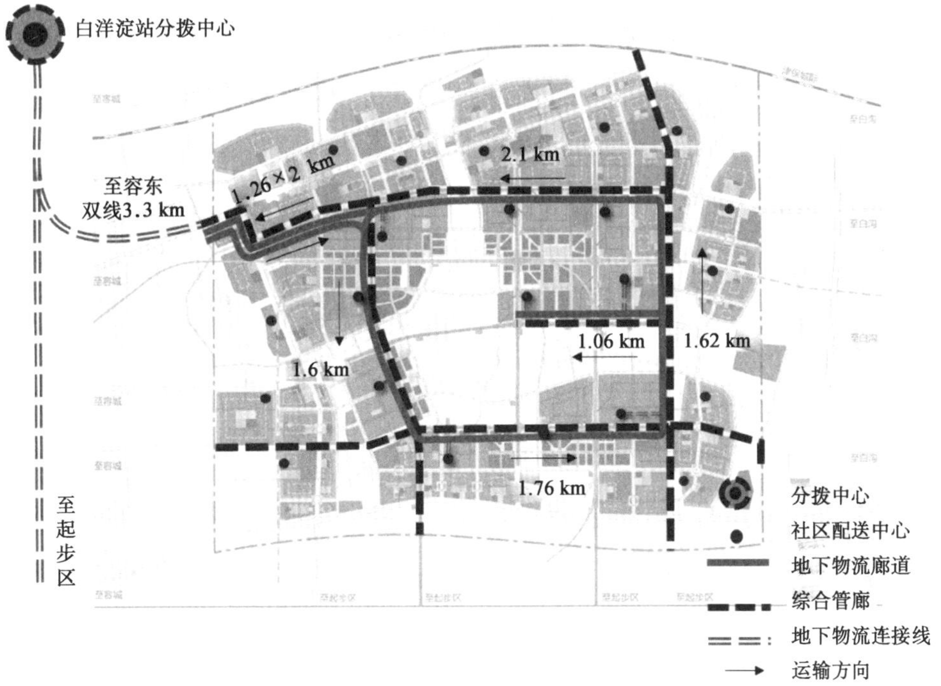

图 6-10　与综合管廊结合的地下物流网络规划图

1. 分拨中心

容东片区分拨中心具有分拨、安检、容器标准化等功能，选址于白洋淀站东南侧。根据物流需求及物流坪效进行测算，地下物流分拨中心需提供至少 10 000 m^2的建筑面积用于地下物流的技术作业。分拨中心选址如图 6-11 所示。

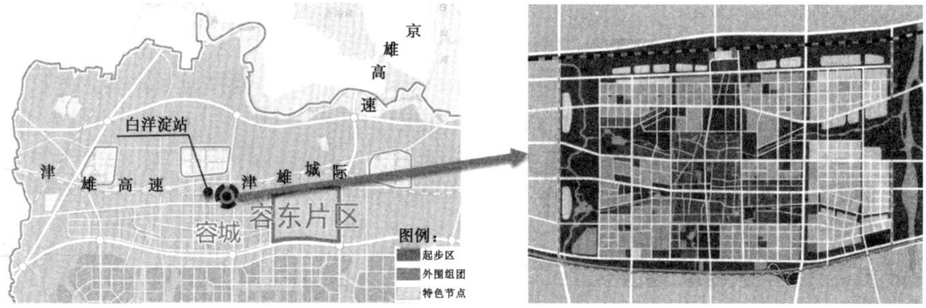

图 6-11 容东片区分拨中心选址

2. 配送中心

容东片区的配送中心功能为分拣、容器拆解、转运，选址上一般位于社区服务中心内部，通过自动化设备与商户间无缝衔接。

根据物流需求总量在空间上的分布，采用重心法、多准则决策法等终端选址优化方法，可对社区配送中心进行选址。社区配送中心共计 24 处，根据容东地下空间的规划结构，在重点地区的地下空间内共规划 10 处地下社区配送中心，其中 4 处位于中心区的商业集中区地下空间内，物流量尤其是 B2B 的需求量较大，另有 6 处位于中心区的其他区域地下空间内；另外，14 处位于外围区的地面，相对物流量较少。这三类社区配送中心的平均“零担 + 快递”配送量分别为每天每处 75 t、59 t 及 44 t；平均即时配送量为每天每处 6 150 单、900 单及 750 单；平均可回收物量为每天每处 27 t、13 t 及 8 t。为简化对这三类社区配送中心的描述，方案中分别将它们称为 A，B，C 类社区配送中心，如图 6-12 和表 6-3 所示。

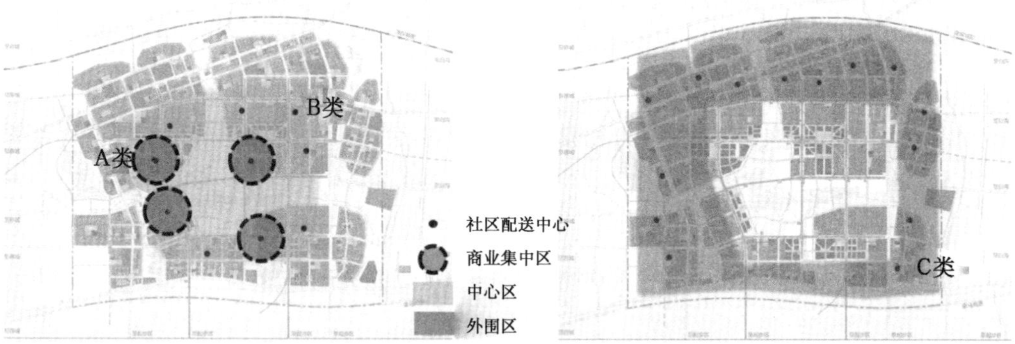

图 6-12 配送中心分区、分类示意图

表 6-3　配送中心分类情况

项　　目	中心区		外围区
	商业集中区	其他区	
社区配送中心数量/处	4	6	14
平均"零担＋快递"配送量/[t·(d·处$^{-1}$)$^{-1}$]	75	59	44
平均即时配送量/[单·(d·处$^{-1}$)$^{-1}$]	6 150	900	750
平均可回收物量/[t·(d·处$^{-1}$)$^{-1}$]	27	13	8
社区配送中心分类	A 类	B 类	C 类

根据配送中心可处理的物流需求量，可确定地下物流系统中地下配送中心的建设规模，其中 A 类配送中心每处 1 500 m^2，B 类配送中心每处 1 250 m^2。配送中心规模计算如表 6-4 所示。

表 6-4　地下物流配送中心规模

类别	数量	"零担＋快递"/(t·d^{-1})	即时配送/(单·d^{-1})	物资回收/(t·d^{-1})	面积/m^2
A 类	4	300	24 600	108	1 500
B 类	6	354	5 400	78	1 250

6.4.4　运输通道

容东片区物流运输通道可分为三个等级，分别为地下物流连接线、地下物流环线和末端配送通道。

地下物流连接线：分拨中心至片区间无综合管廊的区段，采用地下物流连接线进行衔接。地下物流连接线为单管双线，盾构法施工，敷设于城市道路下方。

地下物流环线：片区内物流通道与综合管廊结合，整体形成单向环线，连接各个社区配送中心，便于运输组织。

末端配送通道：社区配送中心与末端用户连接的运输通道，共享利用地下停车库车行通道及车库联络道。

在容东地下物流方案中，地下物流运输通道分为三个功能，分别为"零担＋快递"配送网络、物资回收网络和即时配送网络。其中，"零担＋快递"配送网络与物资回收网络利用同一通道，即时配送网络由于不涉及分拨中心，只需利用片区内地下物流环线，如图 6-13 所示。

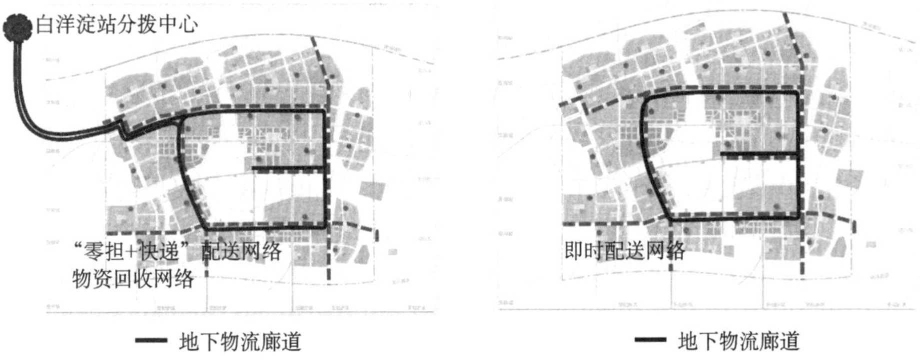

图 6-13 不同功能的地下物流网络

1. 地下物流连接线

地下物流连接线采用直径 6.4 m 的盾构进行建设，单管双线，线路总长约 3.3 km，如图 6-14 所示。

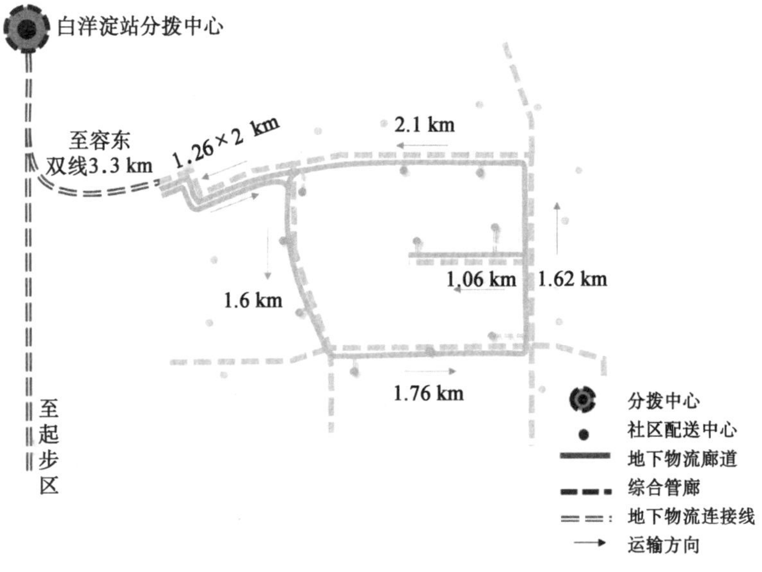

图 6-14 地下物流连接线

2. 地下物流环线

(1) 布局原则。

地下物流运输通道与综合管廊合建，且在物流通道与综合管廊交叉点处产生矛盾，可采用立体交叉方式解决。

地下物流运输通道为环线，且设置为单向运输通道。

地下物流运输通道环线与社区配送中心同侧布置，通过地下物流连接线与中心区 10 个社区配送中心连接。

（2）规划方案。

容东片区内地下物流环线与综合管廊共建，主要依托综合管廊一环和一支，线路总长 10.7 km。其中单线 8.18 km，双线 1.26 km，环线内实行单向循环运输。在容东片区范围内，地下物流与综合管廊共建比例约 94%，地下物流主环范围内共建比例约 91.4%。

根据同侧布置的原则，西侧 N3 段、南侧 E4 段的物流舱放置于管廊外侧，东侧 N6 段、北侧 E1 段则放置于管廊内侧。中心的 E3 段则放置于管廊的北侧。如图 6-15所示。

图 6-15　地下物流廊道布局

（3）技术标准。

地下物流环线设计技术标准如表 6-5 所示。

表 6-5　　地下物流环线设计技术标准

设计速度	环线 30 km/h（$R\geqslant40$），分支口转向 20 km/h（$R\geqslant15$）
纵坡	环线≤4%，社区配送中心衔接段≤8%
物流通道净宽	3.0 m
物流通道净高	不小于 3.5 m

（4）断面设计。

在满足物流运输需求的情况下，物流环线断面净宽 3 m，净高不小于 3.5 m。在物流舱设置上，如图 6-16 所示，环线西北角线路入口的 1—1 断面为双线，因此在 1—1 原有的

5 舱断面南侧同侧增加 2 个物流舱，断面总宽为 22.9 m。2—2 断面和 3—3 断面在原有 4 舱基础上增加 1 个单线物流舱，断面总宽为 16.6 m。4—4 断面在原有 2 舱基础上增加 1 个单线物流舱，断面总宽为 10.6 m。

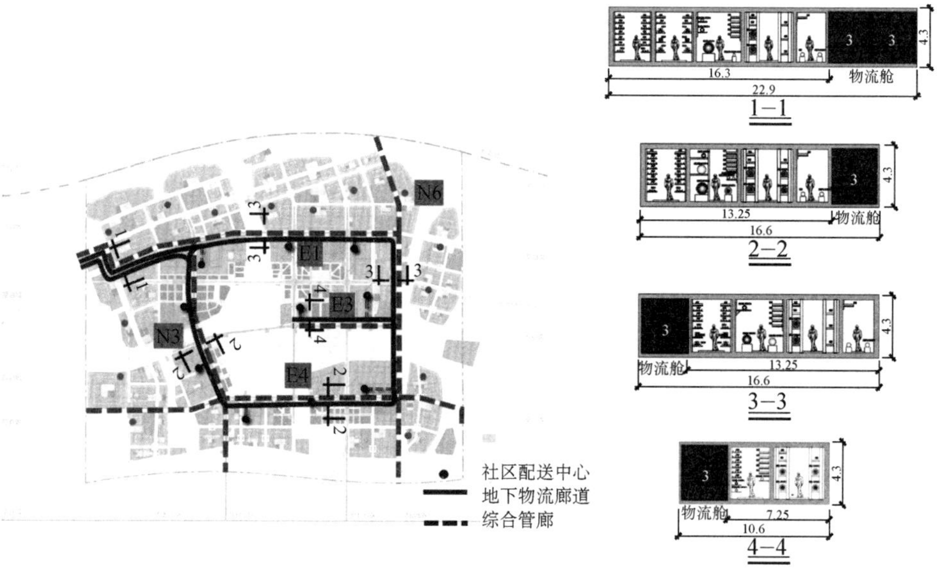

图 6-16　双向双线与单向单线物流舱断面设计图(单位:m)

由于社区配送中心点与管廊内物流舱和出线方向不完全一致，因此在管廊网络节点中，物流舱会与对向的管线产生竖向交叉矛盾。

物流舱与综合管廊有 5 处重要交叉节点需要详细设计，设计原则是物流舱在保证运输速度不变的前提下，安全地避让管线，完成断面的内外侧转换。节点交叉的形式有 5 种，分别是节点 1 处，也即 N3 与 E4 衔接处的外侧转外侧，节点 2 的外侧转内侧，节点 3 处的主线与支线平面支口转换，节点 4 的内侧转内侧以及节点 5 的外侧转外侧及内侧转外侧。

在节点 1,2,4,5 处交叉节点，物流舱与管线舱在结构上分离，该段为分建段，分建段可避免物流舱与管线舱之间的竖向交叉，同时保证了物流运输通道的转弯半径。在其他物流通道上，物流舱与管线舱在结构上合并，为合建段。交叉节点设计如图 6-17 所示。

① 与综合管廊交叉节点 1。

节点 1 为物流舱东西向 E4、南北向 N3 外侧与外侧衔接的节点，衔接难度最大，因此研究考虑了两个方案。

方案一中，考虑到管线较为灵活，管廊可避让物流舱，即东西向 E4 管线上跨，南北向 N3 管线下穿避让物流舱。该方案下的物流舱通过转角时坡度几乎维持不变。同时方案

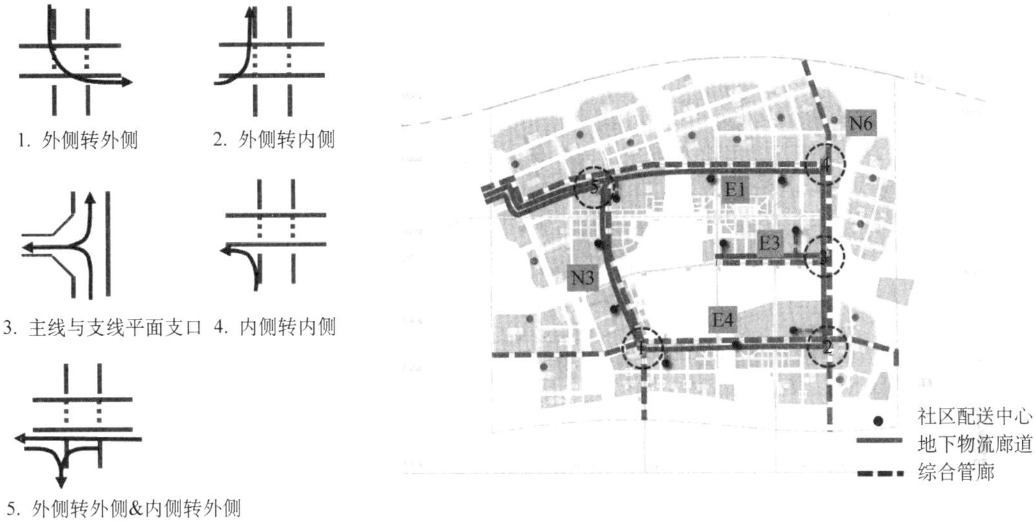

图 6-17　地下物流环线交叉节点详细设计

设计中考虑地下道路的影响，物流舱标高约为 − 12.3 m，标高整体向下避让地下道路，可满足规划要求。方案一如图 6-18 所示。

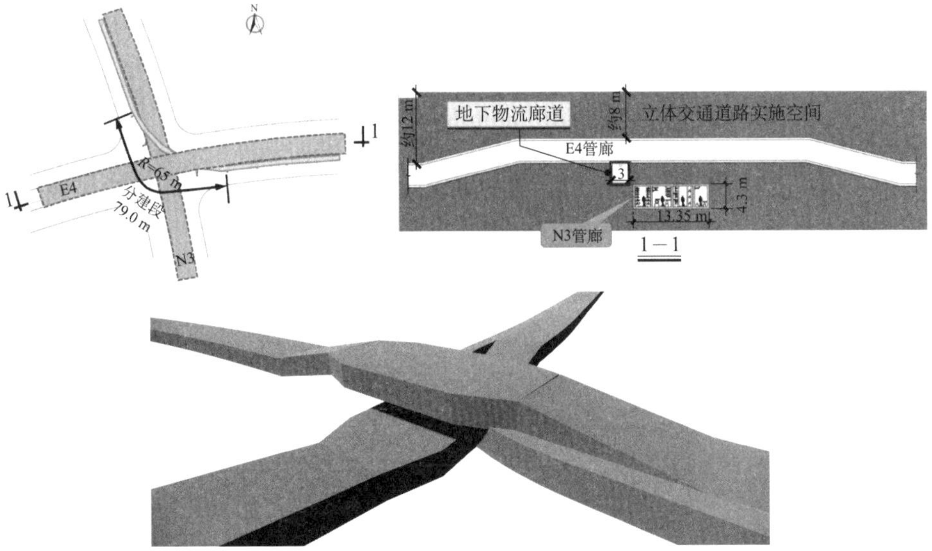

图 6-18　节点 1 管廊避让物流舱方案

方案二中，物流舱向下避让管线，使物流舱在交叉节点前提前下穿。物流舱下穿避让东西向 E4 及南北向 N3 管线，下穿的纵坡为 4%，结构顶标高为 − 8 m，分建段较方案一长，有 372 m。方案一和方案二技术均可行，可根据管廊设计灵活选择。方案二如图 6-19 所示。

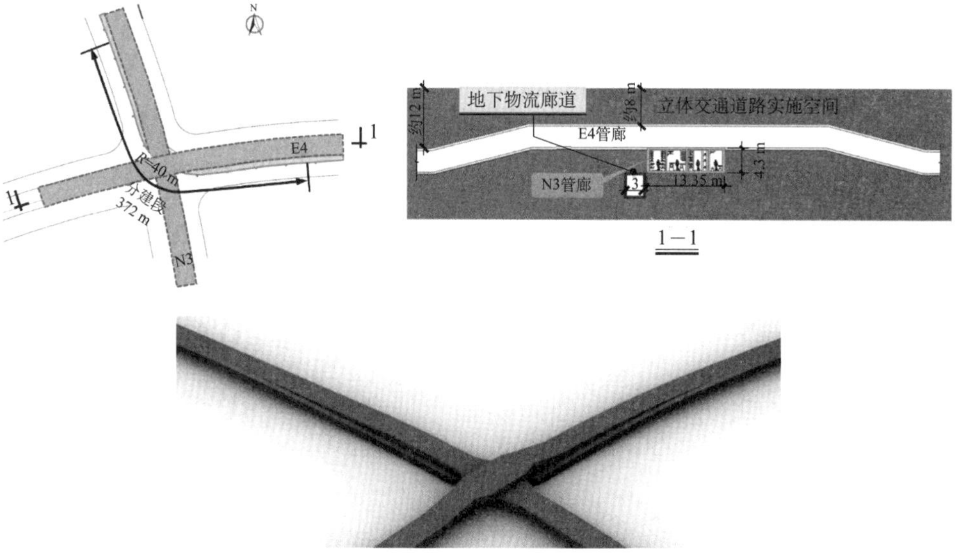

图 6-19　节点 1 物流舱避让管廊方案

② 与综合管廊交叉节点 2。

节点 2 为物流舱东西向 E4、南北向 N6 外侧与内侧衔接的节点。物流舱在这个节点对其余管廊的影响不大，因此在与综合管廊同一标高 −10 m 连接即可，分建段长 102.7 m。如图 6-20 所示。

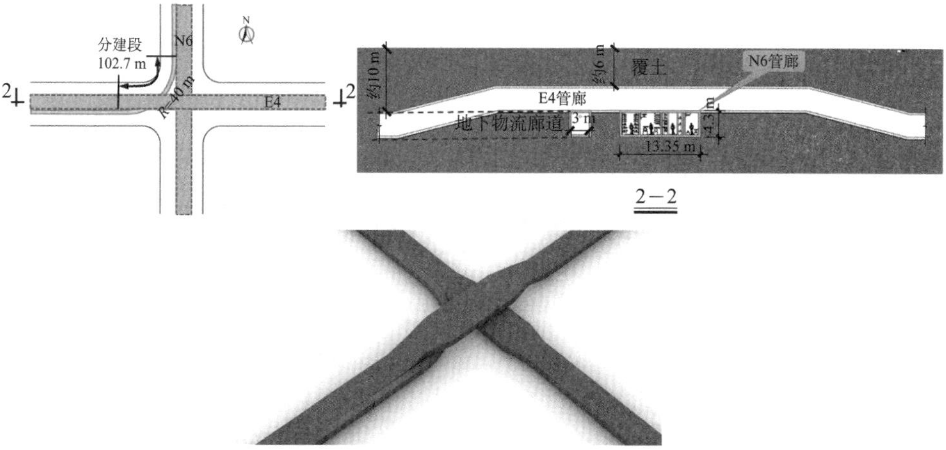

图 6-20　节点 2 管廊避让物流舱方案

③ 与综合管廊交叉节点 3。

节点 3 为管廊 N6 与管廊 E3 平面交叉的支口节点，物流舱在该节点的标高 −10 m 不变，同时在平面上增加一个梯形空间，供车辆进出转弯。如图 6-21 所示。

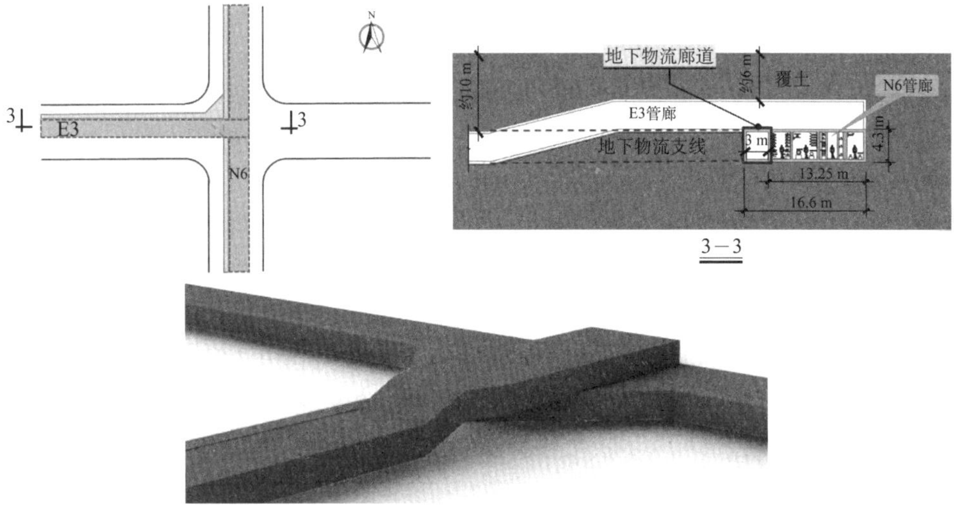

图 6-21　节点 3 管廊避让物流舱方案

支口平面设计上，物流通道通过向支线过渡的梯形接口和坡度 8% 的支线通道，与地块地下空间中的社区配送中心连接。以 5 舱方案为例，物流通道与社区配送中心之间距离 25 m，其中 15 m 为建筑退界。为保证在运输速度 20 km/h 的条件下，物流设备可顺利转弯，梯形接口转弯半径需控制在 15 m，因此将同时占用道路红线 10 m 和建筑退界 5 m。

经计算，梯形接口整体面积约 270 m^2，需与管廊建设同步实施，建设成本 1.6 万元/m^2，一个梯形接口建设成本总计约 432 万元。通往社区配送中心的支线通道可与地块建设同步实施，如图 6-22 所示。

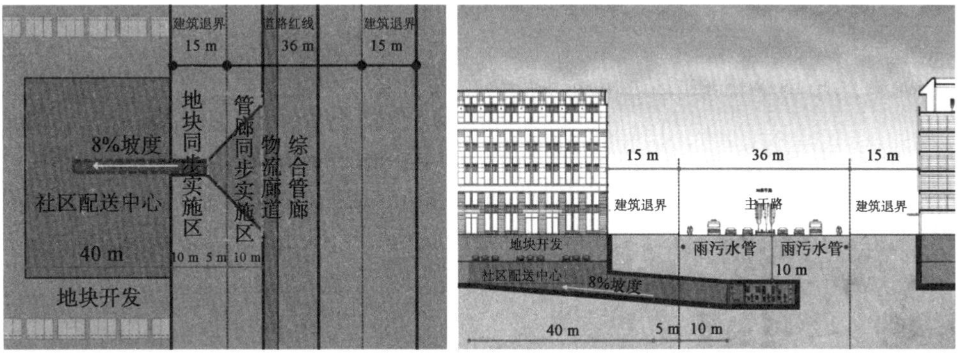

图 6-22　支口节点设计

④ 与综合管廊交叉节点 4。

节点 4 为物流舱东西向 E1、南北向 N6 内侧与内侧衔接的节点。物流舱转接与管线交叉无矛盾，标高 − 10 m 不变。分建段长 62.8 m。如图 6-23 所示。

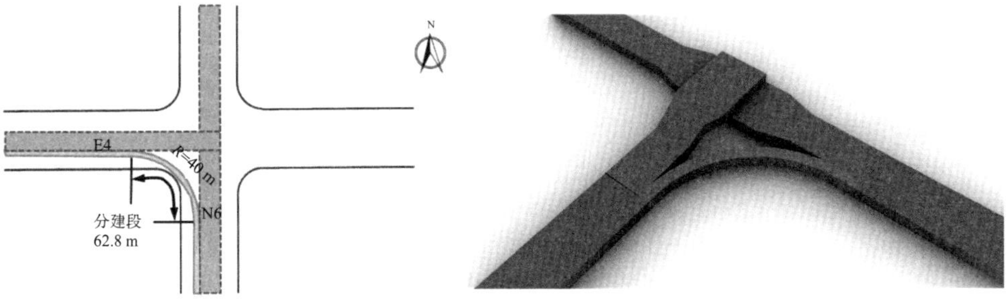

图 6-23　节点 4 管廊避让物流舱方案

⑤ 与综合管廊交叉节点 5。

节点 5 处，物流舱由东西向 E1 外侧与内侧均转接到南北向 N3 外侧，分建段在 N3 处交叉。如果考虑避让上部的地下道路，标高须为约 − 12.3 m。分建段长 69.8 m。如图 6-24 所示。

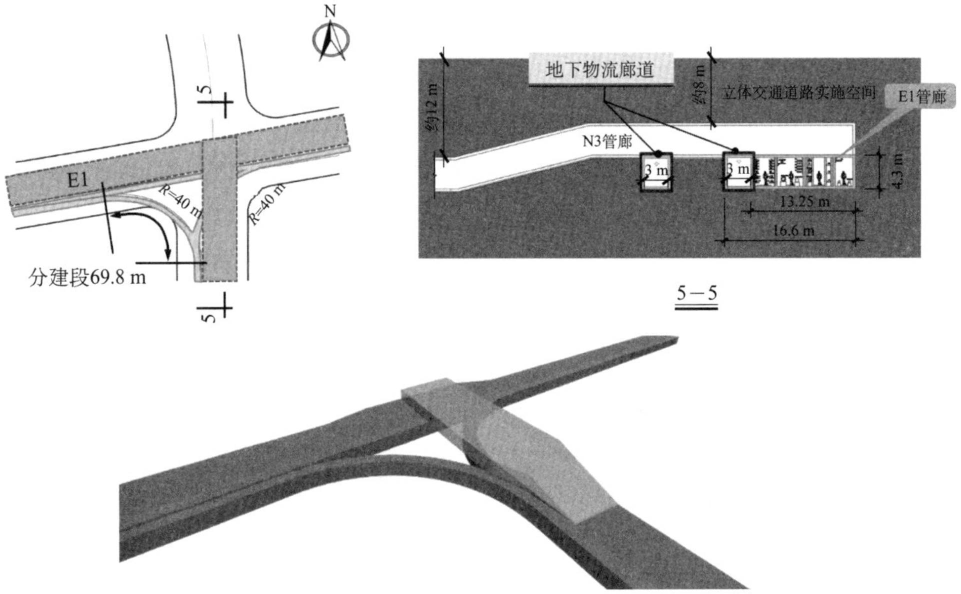

图 6-24　节点 5 管廊避让物流舱方案

⑥ 与轨道交通交叉节点。

物流舱与轨道交通也存在交叉关系。如节点 6 处物流舱与轨道交通区间在竖向上可能产生矛盾，因此针对与轨道交叉的节点，研究了下穿与上跨两个方案。

方案一为综合管廊与物流舱下穿轨道交通。但该方案中存在三个问题：一是物流通道需要以 4% 的坡度下降再提升，对于物流运输来说坡度较大；二是该处经过一个社区配送中心，4%的坡度不便于与社区配送中心衔接，存在运输安全问题；三是远期物流通道盾构需从两边盾构下面穿过，对盾构有影响。如图 6-25 所示。

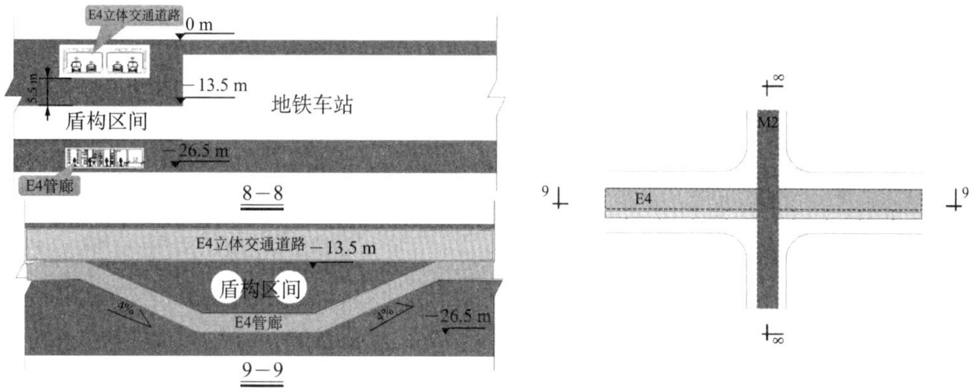

图 6-25　与轨道交通交叉节点方案一

方案二为综合管廊上跨轨道交通。在该方案中，盾构区间的相对标高 13.5 m，基本可满足物流管廊上跨的条件，而且不存在方案一中的问题，因此建议在该交叉口处采用方案二。另外考虑到施工便利性，建议盾构区间相对标高下压至 14 m。如图 6-26 所示。

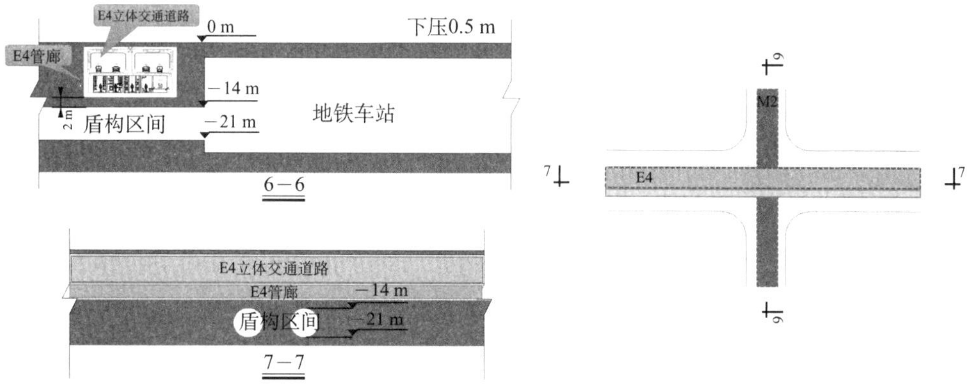

图 6-26　与轨道交通交叉节点方案二

6.5　末端配送

末端配送的流程为商户至社区配送中心、社区配送中心至用户两个阶段。

在商户至社区配送中心阶段，如餐饮饭店、商超便利店等商户与社区配送中心之间，可利用自动化设备进行无缝衔接。运输通道主要利用地下空间、地下停车库通道。对于物流需求量较大的区域采用悬挂链、皮带等设备，需求量较小的区域采用配送机器人。地下空间无法连通的区域，则采用共配公司配送员进行地面配送的方式。如图 6-27 所示。

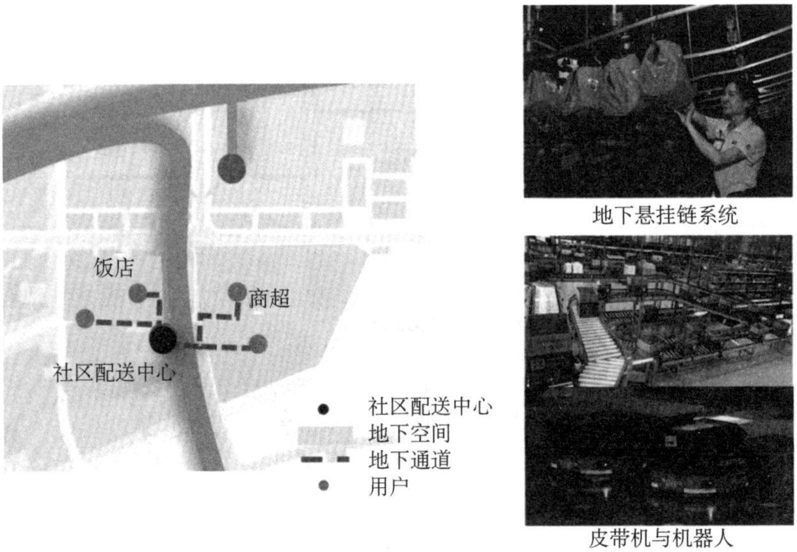

图 6-27　末端配送商户至社区配送中心阶段

在社区配送中心至用户阶段，针对办公楼、居住区、商户三种不同的末端用户，根据配送量、配送货物种类和用户设施的不同，采用不同的运输通道和运输方式，多种运输方式可共存。如图 6-28 所示。

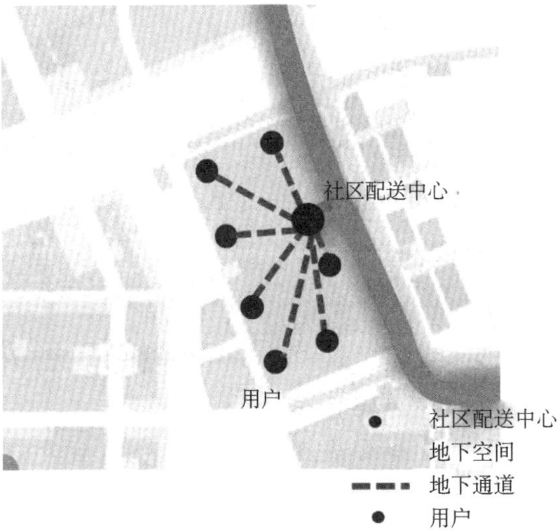

图 6-28　末端配送社区配送中心至用户阶段

从社区配送中心到达目的地楼宇可利用人工配送员、配送机器人和皮带机。楼宇内可利用垂直运输系统提供货物到楼层的运输。在运输方式上，容东片区近期以人工配送员为主，人机协同。在配送员与自动化设备的选取上，可考虑人工费用的增减，根据经济成本来灵活协调。如图 6-29 所示。

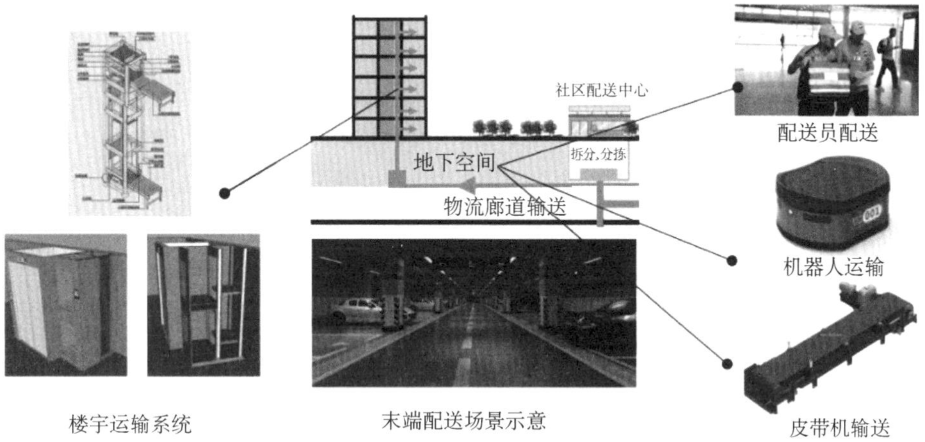

图 6-29　末端配送方式

6.6　运输设备

6.6.1　设备参数

根据规划方案的参数调节，地下物流运输通道中运行新能源设备，且具备无人驾驶系统、自动导航功能，其参数如表 6-6 所示。

表 6-6　地下物流运输设备参数

指标	参数
设计速度	30 km/h
转弯半径/转弯速度/爬坡能力	转弯半径 40 m 时，速度 30 km/h，爬坡能力 4%；转弯半径 15 m 时，速度 20 km/h，爬坡能力 8%
极限爬坡能力（10 km/h，直线）	12%
车宽	<1.5 m
额定载重	1.5 t
载货盘尺寸	不小于 2 m（车长方向）× 1.4 m（车宽方向）

6.6.2 设备及技术

本方案采用定制化的无人驾驶电动车。目前已应用的无人驾驶技术有激光导航、磁导航、光带导航和视觉导航等。由于本项目运行环境为地下封闭环境，考虑到环境约束、成本及可靠性等因素，采用磁导航，通过磁钉的方式来实现。磁钉导航技术如图 6-30 所示。

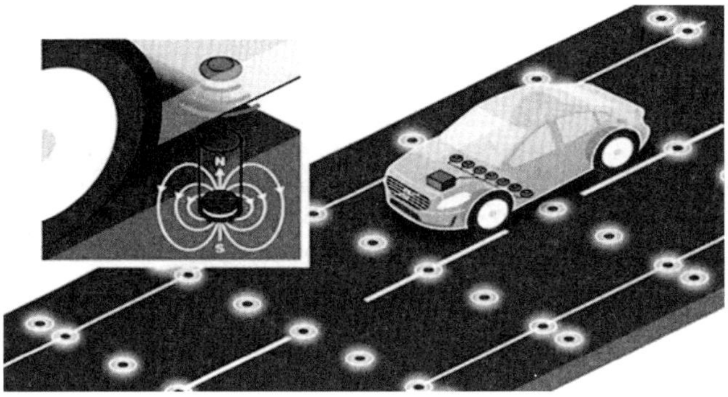

图 6-30　磁钉导航技术

车辆设计速度为 30 km/h，极限爬坡能力为 12%，车宽为 1.5 m，额定载重 1.5 t。车辆装载标准托盘，标准托盘的长宽尺寸分别为 1.2 m 和 1 m，托盘高度根据货物需求可灵活变动，但最高不超过 1.6 m。车辆轴距为 2 m，轮距为 1.2 m。车辆概念示意和尺寸如图 6-31 和图 6-32 所示。

图 6-31　物流车概念示意

“零担＋快递”的托盘装载与即时配送不同。在运输“零担＋快递”时，车辆可单次装载一个托盘，托盘可承载的货物尺寸为 1 m×1.2 m，质量不大于 600 kg。在即时配送运输时，外卖或者生鲜半成品需先放置于温控容器后，再放置到托盘上，当放置 5 层容器时，可容纳 100 个即时配送订单。

温控容器设计尺寸为：长 60 cm，宽 40 cm，高 40 cm，一般情况下可容纳 5 个即时配送订单，如图 6-33 所示。

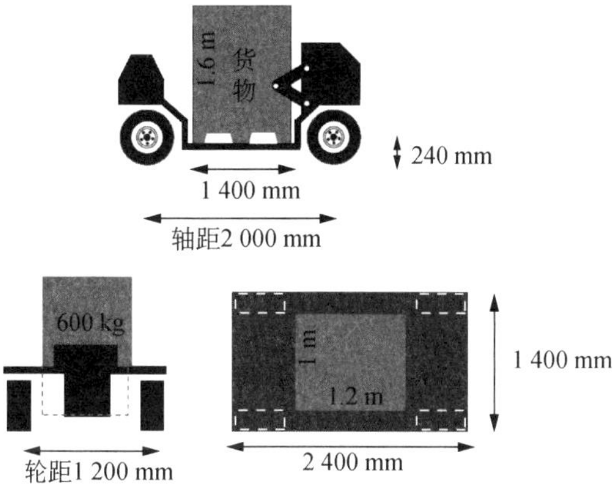

图 6-32　物流车辆尺寸

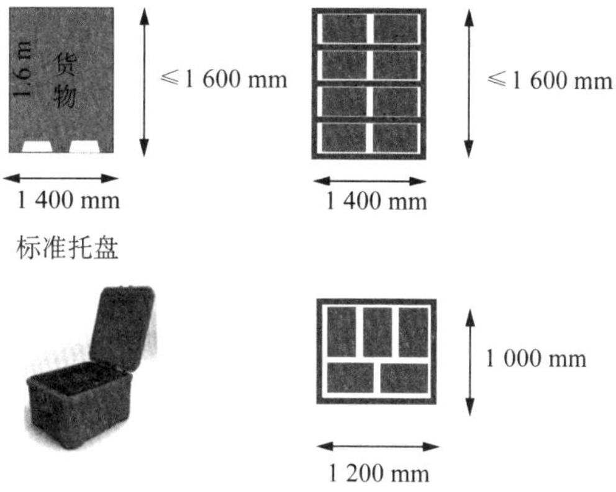

图 6-33　温控容器尺寸

6.7　运输组织

运输组织方面，设定“零担＋快递”运营时长 18 h，车辆 3 节编组，发车频率 2 min，共需配备 60 辆车，如表 6-7 所示。

即时配送则考虑午饭和晚饭共计 4 h 的高峰时间，单个社区配送中心发车频率 4 min，共需配备 30 辆车，如表 6-8 所示。

物资回收通过闲时运力提供，无须单独配车。

表 6-7　“零担＋快递”配送运输组织

需求总量	654 t/d
运营时长	18 h
旅行速度	30 km/h
编组情况	1～3 节编组
载重	600 kg
满载率	70%
发车频率	2 min
所需车辆	60(含 5 辆备用)

表 6-8　即时配送运输组织

需求总量	2.1 万单/d(不含直配)
高峰运营	4 h

（续表）

旅行速度	30 km/h
载重	100 单
满载率	90%
发车频率	4 min
所需车辆	30（含 5 辆备用）

6.8 成本效益

1. 成本

地下物流系统的总成本包含土建成本、设备成本及运营成本。容东片区的土建成本主要包含新建终端和运输通道的建设成本，即分拨中心、地下物流连接线、地下物流环线和支口节点的建设成本，总计 7.8 亿元。设备成本考虑了地下物流运输通道中的无人驾驶电动车、末端配送机器人、分拨中心与社区配送中心的作业设备，总计 2 亿元。运营成本则包括末端配送员的人力成本、社区配送中心租金、末端地下空间租赁费、车辆维护费、电费以及分拨中心和社区配送中心的维保费，共计 1.5 亿元/年。详细成本如表 6-9—表 6-11 所示。

表 6-9　地下物流系统土建成本

分类	地下物流连接线	地下物流廊道	末端支口节点	分拨中心
建设规模	3.3 km	10.7 km	2 430 m^2	10 000 m^2
单价	7 000 万元/km	4 520 万元/km	16 000 元/m^2	2 500 元/m^2
成本/亿元	2.31	4.84	0.389	0.25
总成本/亿元	7.8			

表 6-10　地下物流系统设备成本

分类	无人驾驶电动车	末端配送机器人	分拨中心作业设备	社区配送中心作业设备
成本/亿元	0.5	0.1	0.8	0.6
总成本/亿元	2			

表 6-11　　地下物流系统运营成本

分类	人力成本	社区配送中心租金	末端地下空间租赁费	车辆维护费	电费	分拨中心维保费	社区配送中心维保费
成本/(亿元·年$^{-1}$)	0.5	0.05	0.1	0.05	0.01	0.32	0.47
总成本/(亿元·年$^{-1}$)	1.5						

2. 效益

按物流行业标准,“零担＋快递”的单位收入为 1.6 元/kg,即时配送收入为 3 元/单,物资回收收入为 0.5 元/kg。根据每年的收支情况,得到地下物流 2035 年可达到盈利,收入约 4.5 亿元/年,考虑运营费为 1.5 亿元/年,则预计可盈利 3 亿元/年。地下物流系统效益见表 6-12。

表 6-12　　地下物流系统效益

分类	“零担＋快递”	即时配送	物资回收
单位收入	1.6 元/kg	3 元/单	0.5 元/kg
总量	654 t/d	32 800 单/d	186 t/d
收入/(亿元·年$^{-1}$)	3.8	0.36	0.34
预计 2035 年总收入/(亿元·年$^{-1}$)	4.5		
预计 2035 年总盈利/(亿元·年$^{-1}$)	3		

6.9　本章小结

本章以雄安新区容东片区为例,对前述地下物流终端选址与运输通道优化的理论进行了应用。容东片区的实践以系统化的方式展开,核心在于地下物流终端与运输通道的方案研究。

首先研究了容东片区建设地下物流系统的可行性。片区产业主要为第三产业,物流需求以消费型物流为主,且片区的地下综合管廊网络连通性较强,地下物流与综合管廊整合共建条件较好。

在需求预测方面,容东片区 2035 年地下物流人均日需求量为 7.5 kg/(人·d^{-1})。片区物流以满足片区内部居民日常生活的社会消费品为主,因此可综合利用类比分析法和灰色预测法,得到片区人均日物流需求量为 20 kg。其中,地下物流需求类型以“零担＋快递”为主，采用累加法和刨除法可得到地下物流人均日需求量为 7.5 kg/(人 · d^{-1})。

以上述物流需求量为依据，设计了地下物流系统的总体方案，核心为终端和运输通道的设计。在规划原则上，确定地下物流系统主要服务于城市中心区。在体系架构上，确定了容东片区的地下物流系统为由分拨中心、配送中心构成的两级配送体系，包含“零担＋快递”配送体系、即时配送体系和物资回收体系。

总体方案的核心包括终端选址与运输通道布局。终端选址方面，规划 1 处分拨中心和 10 处社区配送中心。运输通道规划为地下物流连接线、地下物流环线、末端配送通道三种类型。地下物流连接线为独建形式，总长 3.3 km，用于连接分拨中心与片区内部地下物流通道；地下物流环线与综合管廊整合共建，总长约 10.7 km，在片区内与综合管廊共建段比例约为 94%，是片区地下物流运输的主干通道；末端配送通道利用地块地下空间，用于连接地下物流环线与中心区地下社区配送中心。在整合共建的物流运输通道中，综合管廊与地下物流的舱室在通道转弯处会产生竖向交叉，交叉情况较为复杂，但由于管线舱较为灵活，因此方案均以管线舱下穿作为节点交叉处理的主要手段。

此外，方案对运输设备、参数及运输组织进行了研究。容东片区的地下物流运输设备采用无人驾驶车辆，设计速度为 30 km/h。在“零担＋快递”配送体系中，设定“零担＋快递”运营时长 18 h，车辆 3 节编组，发车频率 2 min，共需配备 60 辆车。在即时配送体系中，共计 4 h 的高峰时间，单个社区配送中心发车频率 4 min，共需配备 30 辆车。

最后，通过方案的成本效益分析可知，在容东片区建设地下物流系统可在远期实现盈利。具体而言，地下物流系统的成本包括土建成本、设备成本及运营成本；通过计算“零担＋快递”、即时配送和物资回收的收益，结合成本计算得到，容东片区地下物流系统预计在 2035 年可实现盈利 3 亿元/年。

第 7 章

济南新旧动能转换先行区地下物流系统

7.1　背景介绍

7.1.1　先行区规划背景

济南新旧动能转换先行区(以下简称“先行区”)是国家新旧动能转换综合试验区的先行者,也是实施国家创新驱动发展战略、带动引领新旧动能转换综合试验的先行示范区。先行区位于山东省会济南市区北部,辖区范围横跨黄河两岸,南起小清河、北至徒骇河、西起玉符河、东至临港办事处东边界,总面积约 1 030 km^2。

在发展目标上,作为进入国家发展战略的先行区被赋予了先行先试的历史使命。与其定位相匹配的是“世界眼光、国际标准、山东优势、泉城特色”的高标准规划。根据规划,先行区将贯彻落实新时代发展理念的标杆,其发展目标为:建设城河共荣、绿色低碳的生态新区;开拓动能转换、产业创新的智慧新区;发展传承文脉、以人为本的宜居新区。先行区承载着城市未来的重要功能,将成为提升省会城市首位度、带动全省高质量发展的新增长极。

先行区的功能定位为全国新旧动能转换的先行示范区,山东省会城市群的黄河北岸中心,全省高端高效新兴产业集聚地,国际一流的现代绿色智慧新城。先行区以绿色、智慧、现代、宜居为特色,建设科技创新中心、文化中心、行政中心、总部基地、现代服务业基地和战略性新兴产业基地。

在规划历程上,2017 年 5 月,设立济南新旧动能转换先行区;2018 年 1 月,先行区进入国家战略,同年 3 月,《济南新旧动能转换先行区总体规划(2018—2035)》形成编制成果。

7.1.2 城市配送发展背景

随着电子商务、新零售和 C2M 等新型商业模式的高速增长，城市配送逐渐作为新型商业模式的重要支撑，其需求量也随之持续增长。截至 2019 年年末，我国快递业务量为 630 亿件，同比增长了 24%[14]，如图 7-1 所示。

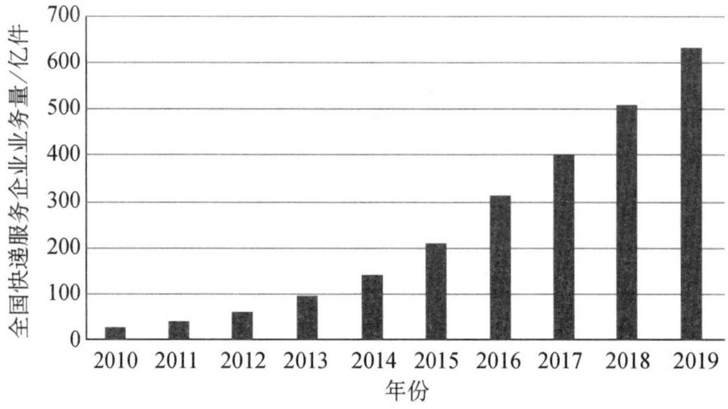

图 7-1　全国快递服务企业业务量

近几年来，济南市的城市配送需求量也呈现明显的增长趋势，且未来仍将处于快速发展阶段。据统计，2018 年济南市快递量达到 4.3 亿件，同比增长了 43%，增长速度高于全国水平[84]，如图 7-2 所示。

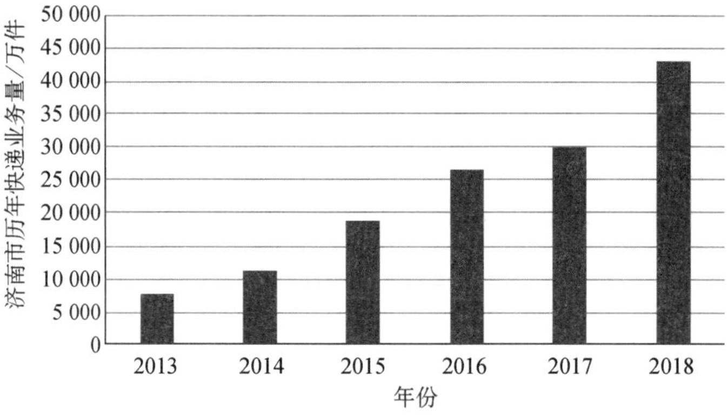

图 7-2　济南市历年快递业务量

在此背景下，一方面产生了差异化、个性化的物流服务要求；另一方面，较大的城市物流需求量将引发交通拥堵、环境污染等城市交通问题。如随着济南市 2018 年机动车保有量突破 230 万辆，交通拥堵问题突出，极大地制约了济南城市配送的发展。

智慧城市配送可利用信息技术，整合利用空中、地面与地下的城市空间资源进行城市配送，支撑物流市场的需求增长，缓解物流带来的城市交通问题。其中，地下物流作为智慧城市配送中的新型模式，将成为城市配送可持续发展的有效途径之一。在政策条件上，国家提出了物流未来发展方向：打造绿色高效的现代物流系统，加速新业态、新模式发展；推进智能收投终端和末端公共服务平台建设，积极发展无人机（车）物流递送和城市地下物流配送[2]。地下物流作为城市交通的重要组成部分，代表着未来城市货运的重要发展模式之一，但目前世界范围内地下物流系统缺乏实际建成的案例，而先行区作为创新驱动的示范区，可先行先试，推行首个落地的地下物流系统，为实现城市物流的可持续发展提供样板示范。

7.2　可行性分析

7.2.1　区域现状分析

1. 济南产业分析

2017 年济南市地区生产总值为 7 201.96 亿元，其中第一产业生产总值为 317.40 亿元，第二产业生产总值为 2 569.22 亿元，第三产业生产总值为 4 315.34 亿元。济南市以第三产业为主导，2017 年三次产业结构比为 4%：36%：60%，如图 7-3 所示。

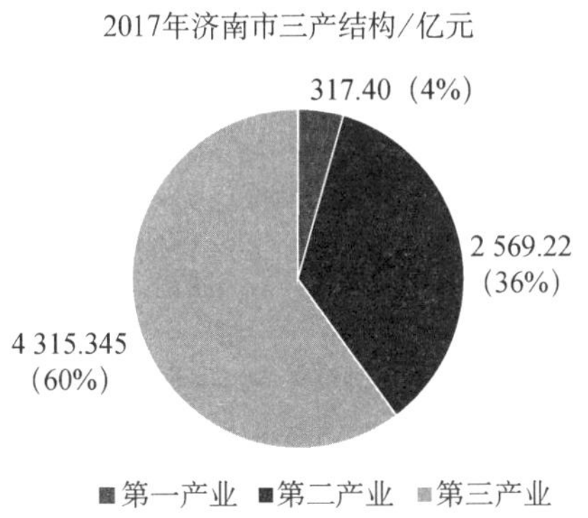

图 7-3　2017 年济南市三次产业结构图（单位：亿元）

第一产业方面，济南市生产的农产品以蔬菜与粮食作物为主。粮食作物中以小麦（123 万 t）和玉米（121 万 t）为主。水果产品中以苹果（23 万 t）和桃子（13 万 t）为主。

第二产业方面，济南市工业总产值最高的是汽车制造业（1 075 亿元），其次是电子制造业（549 亿元）、通用设备制造业（496 亿元）、金属制造业（446 亿元）和化学制造业（388 亿元）。

第三产业方面，济南市主要以批发和零售业（976.87 亿元）、金融业（776.01 亿元）、建筑业(569.75 亿元)、房地产业(500.05 亿元)、交通运输、仓储和邮政业(415.61 亿元)为主,如图 7-4 所示。

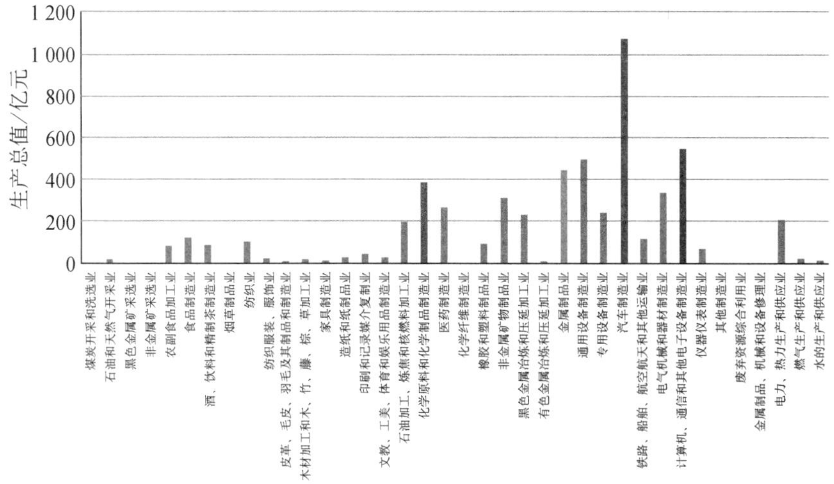

图 7-4　2017 年济南市城市规模以上工业总产值

2. 济南市与周边城市的产业分析

本书选择了济南市与周边五市进行比较,包括淄博市、泰安市、聊城市、德州市和滨州市,如图 7-5 所示。

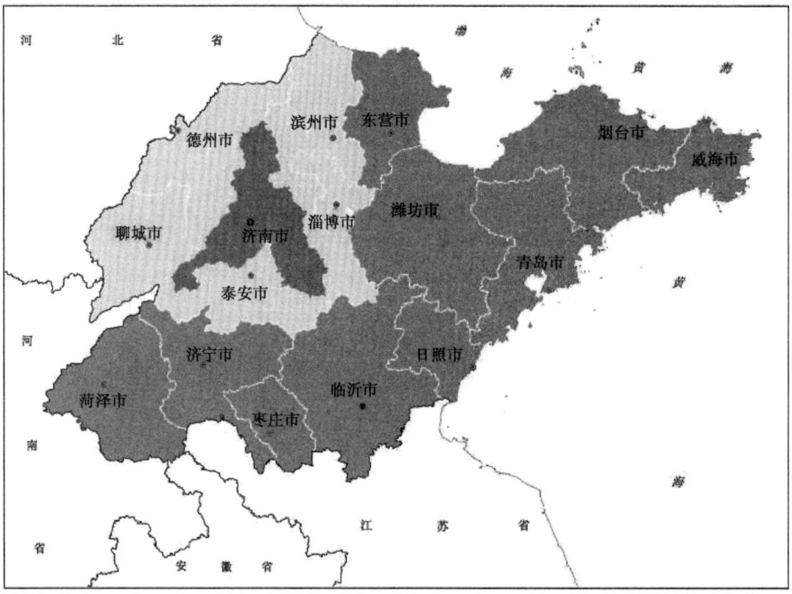

图 7-5　济南市及周边城市

济南市与周边五市的社会经济情况包括土地面积、人口规模、地区生产总值、第一产业总产值、第二产业总产值、第三产业总产值、外贸进出口额、单位面积 GDP 和人均 GDP，2017 年社会经济情况如表 7-1 和图 7-6 所示。

表 7-1 2017 年济南市及周边城市社会经济情况

地区	面积/km^2	人口/万人	地区生产总值/亿元	第一产业/亿元	第二产业/亿元	第三产业/亿元	外贸进出口额/亿美元	单位面积GDP/(万元·km^{-2})	人均 GDP/元
济南市	7 998	644	7 202	317	2 569	4 315	708	9 005	98 967
淄博市	5 965	433	4 781	150	2 490	2 141	48	8 016	101 781
泰安市	7 762	571	3 578	275	1 628	1 676	154	4 610	63 555
聊城市	8 628	640	3 014	299	1 514	1 201	457	3 493	49 806
德州市	10 358	595	3 142	311	1 499	1 330	247	3 033	54 197
滨州市	9 172	394	2 601	232	1 183	1 097	576	2 836	64 864

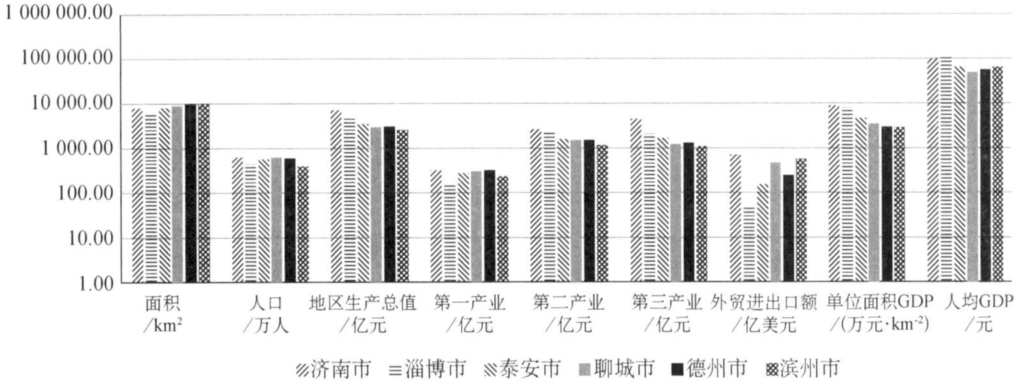

图 7-6 2017 年济南市及周边城市社会经济情况

在第一产业方面，济南市和泰安市的农产品产量结构相似，均以蔬菜为主。淄博市的农产品产量较小。滨州市与德州市的农产品结构相似，均以粮食作物为主。聊城市的产品产量突出，且结构与周围城市明显不同，其主要产物为油料作物、蔬菜和棉花。滨州市与淄博市的水果产量较高。如图 7-7 所示。

在第二产业方面，济南市主要以高价值的产业为主，如机车制造与电子行业。济南周边城市主要以低价值产业为主。淄博市存在多个工业产业总产值极为突出。淄博市齐鲁石化公司，是中国石化集团直属的国家特大型石油化工企业，年营业收入 600 余亿元，为中国石化八大炼化企业之一。

山东蓝星东大有限公司是国家大型企业，隶属于中国化工集团下属的中国蓝星（集团）股份有限公司，位于淄博市内，是山东省高新技术企业，国家火炬计划重点高新技术企业。主要产品及规模为环氧丙烷（9 万 t）、聚醚多元醇和聚醚多元醇（25 万 t）。如图 7-8 所示。

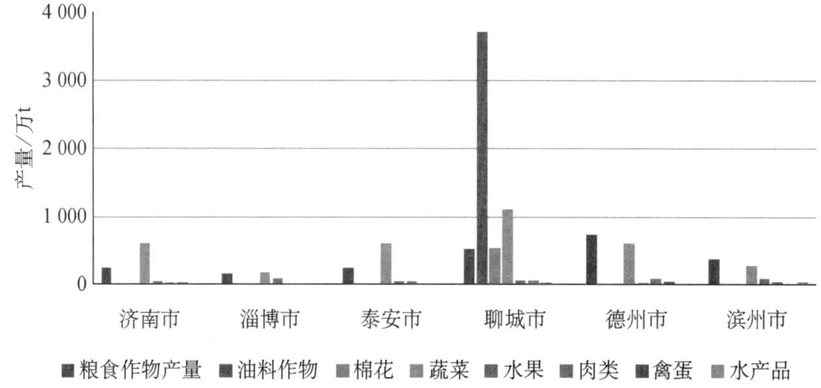

济南市

农产品产量/万t	
蔬菜	614
粮食作物	256
水果	52
肉类	36
禽蛋	33

淄博市

农产品产量/万t	
蔬菜	181
粮食作物	164
水果	98
肉类	16
禽蛋	6

泰安市

农产品产量/万t	
蔬菜	617
粮食作物	253
	53
肉类	40
禽蛋	24

聊城市

农产品产量/万t	
油料作物	3 732
蔬菜	1 109
棉花	549
粮食作物	532
水果	63

德州市

农产品产量/万t	
粮食作物	743
蔬菜	604
肉类	85
禽蛋	44
水果	33

滨州市

农产品产量/万t	
粮食作物	378
蔬菜	278
水果	96
水产品	47
肉类	42

图 7-7　2017 年济南市及周边城市主要农产品产量

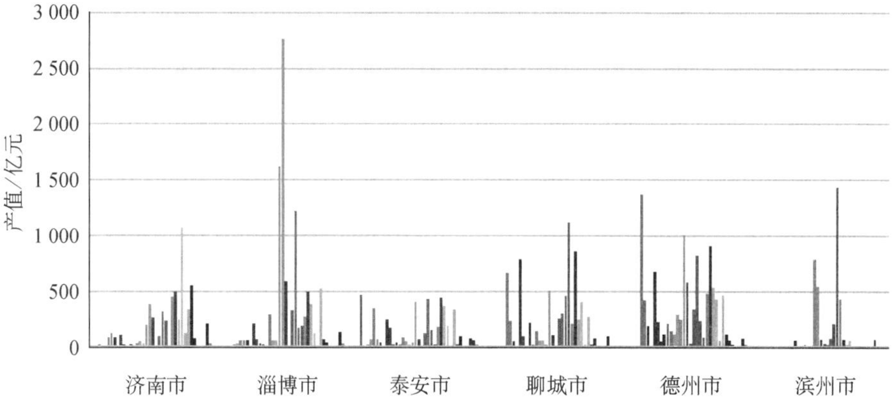

济南市

工业行业产值/亿元	
汽车制造业	1 074
计算机、通信和其他电子设备制造业	549
通用设备制造业	496
金属制品业	446
化学原料和化学制品制造业	388

淄博市

工业行业产值/亿元	
化学原料和化学制品制造业	2 764
石油加工、炼焦和核燃料加工业	1 626
非金属矿物制品业	1 224
医药制造业	587
电气机械和器材制造业	520

泰安市

工业行业产值/亿元	
煤炭开采和洗选业	471
通用设备制造业	438
非金属矿物制品业	427
化学原料和化学制品制造业	402
专用设备制造业	365

聊城市

工业行业产值/亿元	
有色金属冶炼和压延加工业	1 119
通用设备制造业	858
纺织业	783
农副食品加工业	660
化学原料和化学制品制造业	508

德州市

工业行业产值/亿元	
农副食品加工业	1 371
化学原料和化学制品制造业	1 004
通用设备制造业	902
非金属矿物制品业	824
纺织业	668

滨州市

工业行业产值/亿元	
纺织业	2 627
有色金属冶炼和压延加工业	1 435
石油加工、炼焦和核燃料加工业	786
农副食品加工业	744
化学原料和化学制品制造业	538

图 7-8　2017 年济南市及周边城市规模以上工业总产值

在第三产业方面，济南市与周边城市均以批发和零售业为主，济南市第三产业发展相较更为突出。淄博市与泰安市的第三产业较为完善，聊城市、德州市、滨州市的第三产业发展较为落后。由此可见，济南市的物流配送服务需求，相较其他城市最高。如图 7-9 所示。

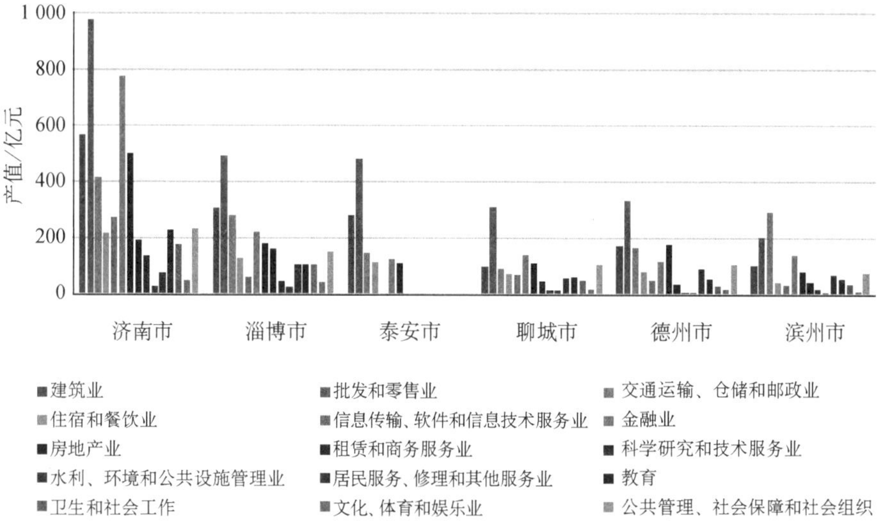

济南市

第三产业产值/亿元	
批发和零售业	976.87
金融业	776.01
建筑业	569.75
房地产业	500.05
交通运输、仓储和邮政业	415.61

淄博市

第三产业产值/亿元	
批发和零售业	494.74
建筑业	307.95
交通运输、仓储和邮政业	282.97
金融业	222.23
房地产业	182.92

泰安市

第三产业产值/亿元	
批发和零售业	484
建筑业	282
交通运输、仓储和邮政业	147
金融业	126
住宿和餐饮业	116

聊城市

第三产业产值/亿元	
批发和零售业	311.6
金融业	140.03
房地产业	113.01
公共管理、社会保障和社会组织	108.98
建筑业	101.1

德州市

第三产业产值/亿元	
批发和零售业	334
房地产业	180
建筑业	174
交通运输、仓储和邮政业	166
金融业	119

滨州市

第三产业产值/亿元	
交通运输、仓储和邮政业	294
批发和零售业	204
金融业	142
建筑业	105
房地产业	82

图 7-9　2017 年济南市及周边城市第三产业总产值

3. 济南市现有产业结构特点与人口特点需要更专业优质的物流服务

《济南市十大千亿产业振兴计划》提出重点发展大数据与新一代信息技术、智能制造与高端装备、量子科技、生物医药、先进材料、产业金融、现代物流、医疗康养、文化旅游、科技服务十大产业。物流产业作为需要振兴的第三产业，可同时促进其他产业的发展[85]。

据统计，山东省人口中，主要消费年龄人口比重较高。2017 年山东省 0～14 岁人口占 17%，15～64 岁占 69%，65 岁以上占 14%。2017 年济南市城镇居民人均可支配收入 46 642 元，比 2016 年增长 8.3%，城镇居民人均生活消费支出为 30 729 元，比 2016 年增长 7.7%[86]。随着居民收入与消费水平的提高，物流产业需要为济南市提供更专业和优质的物流服务。济南市产业结构及人口特点如图 7-10 和图 7-11 所示。

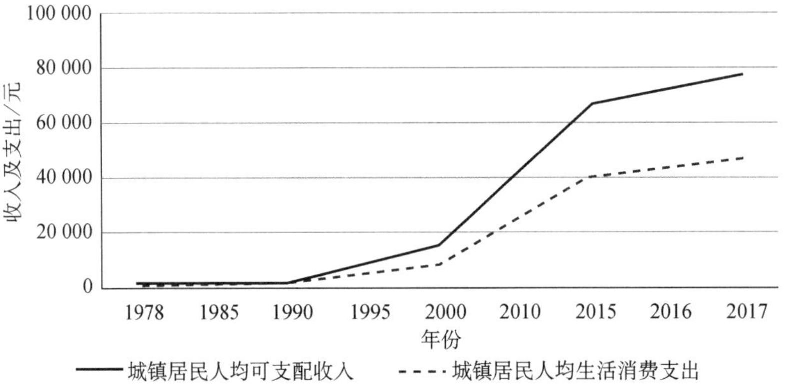

图 7-10 2017 年济南市城镇居民可支配收入与消费支出

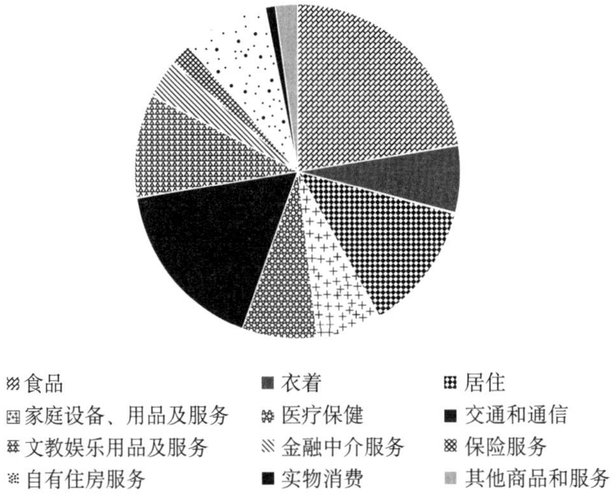

图 7-11 2017 年济南市城镇居民消费支出构成

7.2.2 上位规划分析

通过整理《济南市城市总体规划(2011—2020 年)》《济南新旧动能转换先行区总体规划(2018—2035 年)》《济南新旧动能转换先行区综合交通规划》《济南国际内陆港核心区专项规划》《济南市物流专项规划》《济南新旧动能转换先行区直管区道路网系统规划》提出的定位以及与物流相关内容,可整理得到与物流相关的定位及目标,如表 7-2 和图 7-12 所示。

表 7-2 与物流相关规划内容

规划名称	定位或目标	物流相关
《济南市城市总体规划(2011—2020 年)》	城市发展目标:打造全国重要的区域性经济中心、金融中心、物流中心和科技创新中心,建设与山东经济文化强省相适应的现代泉城	在城市发展目标和城市职能中都强调了物流中心,并且在产业发展重点中提出大力发展现代物流业
《济南新旧动能转换先行区总体规划(2018—2035 年)》	先行区总体定位:全国新旧动能转换的先行区,贯彻落实新时代发展理念的标杆;提升省会城市首位度,带动全省高质量发展的新增长极	构建临空内陆港、桑梓店物流枢纽。规划崔寨物流中心发展保税物流、跨境电商物流等高端物流
《济南新旧动能转换先行区综合交通规划》	四大发展战略:枢纽引领战略、绿色出行战略、品质交通战略和智慧交通战略	构建多式联运物流港,落实区域物流中心定位,构建临空内陆港、桑梓店物流枢纽,支撑产业发展
《济南市物流专项规划》	发展战略定位:牢牢把握济南位于"京津冀协同发展""长江经济带"和"一带一路"三大国家战略交叉位置的区位优势,牢牢把握物流中心本质要求是形成综合性交通枢纽和货物集散中心,大力发展多式联运和智慧物流,打造国际内陆港枢纽城市	发展战略定位、发展目标和发展战略均强调了智慧物流的重要性。崔寨组团以智慧物流为主,表示着力将济南打造成为中国智慧物流名城
《济南国际内陆港核心区专项规划》	战略目标:依托济南国际区位优势和铁路、公路、航空、水运、信息"五网合一"的互通网络,打造交通枢纽、物流枢纽和供应链枢纽三大枢纽,以功能完善的国际内陆港核心区引领济南国际内陆港中心城市建设,实现"打造全国区域性物流中心"的城市发展战略目标	强调打造全国区域性物流中心;铁路枢纽的中央高端物流商务集聚区占地约 304 公顷,主要打造高端物流、智慧物流、物流总部基地;崔寨组团将成为智慧物流引领区
《济南新旧动能转换先行区直管区道路网系统规划》	路网规划目标:以先行区直管区道路系统的规划、组织为核心,通过优化"小街区、密路网"模式下内外部交通组织,深化各等级道路红线控制,引导直管区城市开发与道路建设管理,打造"畅达、集约、绿色、活力"的道路网络	崔寨组团片区路网调整:路网密度保持不变,提升次干路占比

上位规划《济南市城市总体规划(2011—2020 年)》和《济南市物流专项规划》均强调了要建设区域物流中心,将济南打造成为中国智慧物流名城。先行区相关规划《济南新旧动能转换先行区总体规划(2018—2035 年)》《济南新旧动能转换先行区综合交通规划》和《济南新旧动能转换先行区直管区道路网系统规划》均强调了要构建临空内陆港、桑梓店物流枢纽以及崔寨物流中心的策略。而其他相关规划《济南国际内陆港核心区专项规划》

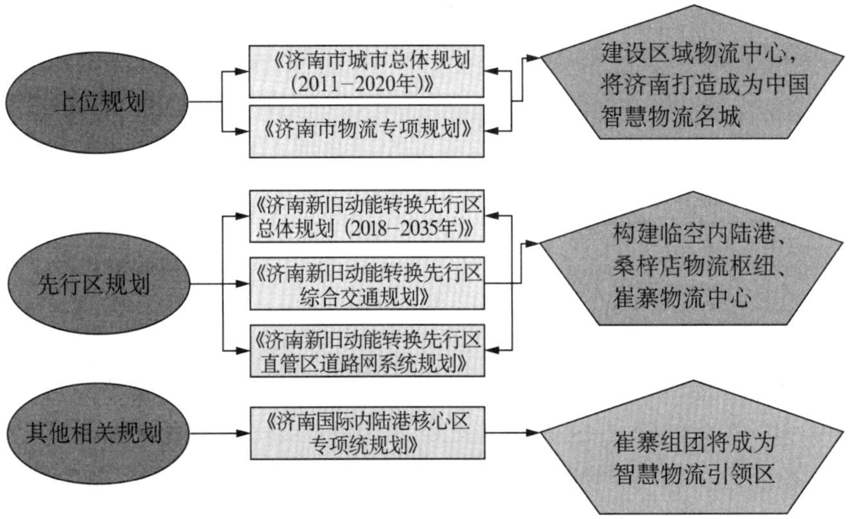

图 7-12 相关规划梳理

更是提出要将崔寨组团打造成智慧物流引领区。以上规划均体现了济南市对智慧物流的重视。

7.2.3 重点区域分析

在先行区智慧物流建设的大背景下，地下物流是智慧物流建设中重要的一部分。在确定地下物流系统的规划方案前，需对其进行前期研究分析。

地下物流规划建设的可行性与所在城市的经济发展水平、产业结构及基础设施等因素直接相关。先行区的重点研究区域为大桥组团与崔寨组团，其中：

大桥组团规划 2035 年人口 50 万人，主要发展科研、高端高新产业、总部经济[81]。因此，组团内物流以消费型物流为主，高频次、小批量，追求时效性的物流需求量较大。且大桥组团规划有地下道路与综合管廊，地下基础设施较为丰富。大桥组团规划建设地下物流的可行性较强。

崔寨组团规划 2035 年人口 25 万人，主要发展保税物流、跨境电商物流等现代高端物流产业以及氢能源产业，主要货物类型为保税、跨境货物，货物尺寸类型以集装箱形式为主，且氢燃料等原材料运输也存在安全风险。因此，崔寨组团内物流以生产型物流为主，更适宜利用地上空间开展物流配送。

综上所述，本方案将针对大桥组团开展地下物流系统规划研究，如图 7-13 所示。

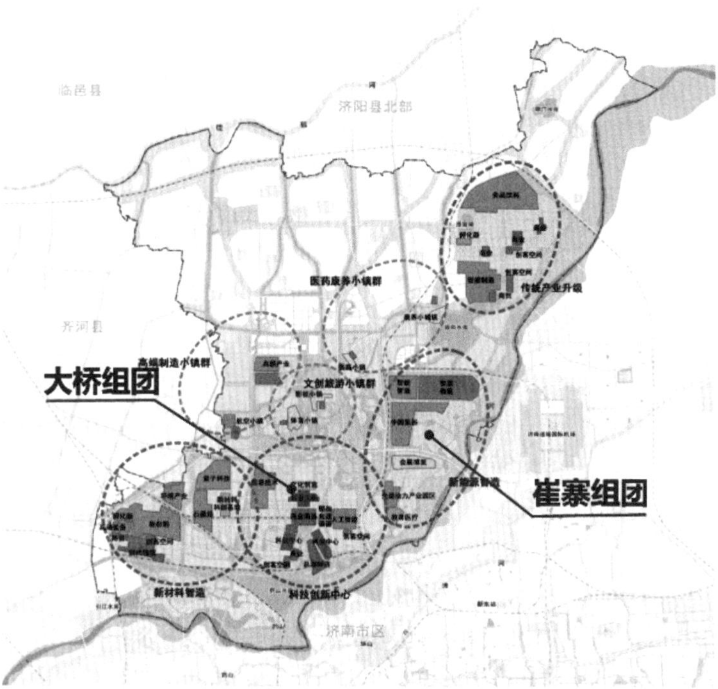

图 7-13　大桥、崔寨组团区位图

7.3　需求预测

7.3.1　物流需求类型

根据大桥组团的功能定位，该区域集聚了高校、科研和科技企业等单位发展高新产业。因此，大桥组团城市配送的主要物流类型为消费型物流，包括冷链物流、“零担＋快递”业务、逆向物流(生活垃圾)及外卖。其中，地下物流可运的类型主要为零担快递业务，条件允许下可运生活垃圾中的可回收物。

大桥组团采用地下物流系统进行运输具有一定的优势，但也有运输货物种类的限制。地下物流具有全天候、连续、稳定、高速运行的优势，可满足快递包裹、小型商超、餐饮店等小型用户对物流服务提出的要求，包括高频率、小批量、快速配送等。地下物流也可通过统一管理实现共同配送，降低空车率，极大提升“零担＋快递”的物流运输效率。同时，地下物流由于断面尺寸的限制，适用于运输尺寸相对较小的零担快递货物。如图 7-14 所示。

图 7-14 大桥组团物流需求类型

7.3.2 物流需求量

1. 城市物流:B2B 业务与 B2b、B2C 业务

根据大桥组团的城市物流需求预测结果和物流业务体系分类，大桥组团城市物流类型主要为消费型物流，可细分为 B2B 业务与 B2b、B2C 业务两类。由于两类业务使用的物流基础设施不完全相同，物流需求量需进行分类预测，以保证物流基础设施规划的合理性。

B2b、B2C 业务包括快递物流、连锁超市物流和跨境快递物流等，B2B 业务包括卖场物流、保税物流和冷链物流等。各类物流需求量如表 7-3 所示。

表 7-3 大桥组团城市物流需求量 单位:万 t/年

大类	小类	2022 年	2028 年	2035 年	2050 年
消费型物流	快递物流	2.0	6.1	14.5	24.9
	连锁超市物流	5.3	14.5	32.3	45.6
	跨境快递物流	0.01	0.03	0.07	0.12
	卖场物流	2.8	7.8	17.4	24.5
	保税物流	9.7	23.28	44.62	53.35
	冷链物流	7.4	23.0	67.4	117.4
城市物流总需求量		27.21	74.71	176.29	272.99

由表 7-3 可知，预测大桥组团远期 2035 年城市物流总量为 176.29 万 t。规划 2035 年人口 50 万人，即人均城市物流需求量 9.66 kg/d。其中，B2B 物流需求量 129.42 万 t，人均 B2B 物流需求量 7.09 kg/d；B2b、B2C 物流需求量 46.87 万 t，人均 B2b、B2C 物流需求量 2.57 kg/d。

2. 地下物流：B2b、B2C 业务

地下物流可运的主要业务类型为时效性较强的“零担＋快递”业务，主要包括城市物流中的 B2b、B2C 业务，如表 7-4 所示。

表 7-4　大桥组团 B2b、B2C 业务需求量　单位：万 t/年

大类	小类	2022 年	2028 年	2035 年	2050 年
B2b、B2C 业务	快递物流	2.0	6.1	14.5	24.9
	连锁超市物流	5.3	14.5	32.3	45.6
	跨境快递物流	0.01	0.03	0.07	0.12
B2b、B2C 业务总需求量		7.31	20.63	46.87	70.62

由表 7-4 可得，远期 2035 年大桥组团未来地下物流总需求量为 46.87 万 t，人均地下物流需求量为 2.57 kg/d。

7.4　规划方案

7.4.1　规划原则

(1) 智慧物流体系规划整体遵循智能化、集约化的原则。利用先行区先进制造、科研创新的优势资源，积极推动智能化物流体系建设。同时通过系统、规划统筹，集约化社会资源，搭建开放共享的物流平台，通过共同配送降低社会物流成本。

(2) 规划方案满足需求差异化的多层次货运服务。根据大桥组团不同的物流业务体系，一方面，通过制定多层次、差异化的物流运输产品，满足不同用户对于配送时效、配送服务标准等多方面的物流需求。另一方面，根据物流产品特征，制定适合配送对象的物流组织方式。通过这两个方面，实现多层次、满足需求差异化的先行区物流服务。

(3) 构建立体物流通道，实现货物的快速流通。大桥组团存在较大的消费型物流需求，且地下基础设施较为丰富，可依托综合管廊、地下道路等设施构建地下物流系统，并合理利用地上、地下交通系统，优化运输组织方案，实现物流全过程的快速流通。

(4) 先行先试，地下物流以服务大桥组团重点区域为主。根据大桥组团空间结构及

用地规划，选择地下物流需求较大的区域布置地下物流通道与节点，重点满足居住区与商业区内高频次、小批量的物流需求，先行先试，为今后地下物流落地提供样板的示范作用。

7.4.2 体系架构

大桥组团地下物流采用由分拨中心、配送中心组成的“零担＋快递”业务两级体系结构。该体系描述了地下物流参与智慧城市中物流配送的全过程，即货物从分拨中心出发，利用新能源物流车运输，经过地下物流通道到达配送中心，最后通过地面道路或地下空间，经配送员或机器人送达末端用户的过程。

地下物流体系结构中，物流终端可分为分拨中心、配送中心两个层级；物流通道可分为干线、支线两个层级。如图 7-15 所示。

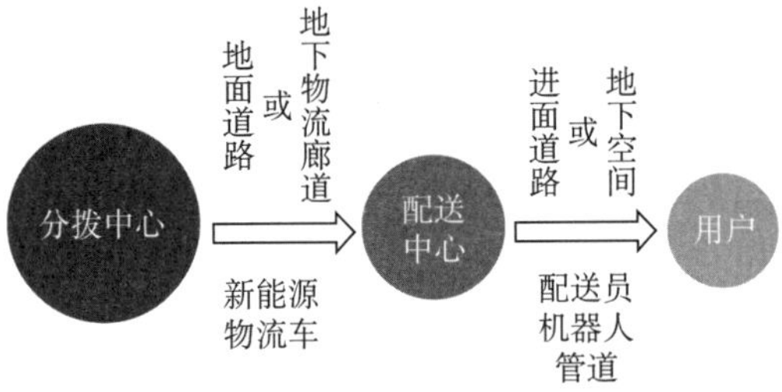

图 7-15　大桥组团地下物流体系结构图

7.4.3 物流终端

1. 分拨中心

分拨中心的规划重点为其功能、规模和选址。分拨中心的功能为智能化分拨、存储、收发、安检、容器标准化和信息化处理等。在分拨中心规模上，根据大桥组团城市配送物流需求量与分拨中心坪效可测算得，组团内需配置的分拨中心规模为 2.4 万 m^2。分拨中心选址遵循以下原则：

(1) 具备便捷的内连外通条件。货物集散需要便捷的交通条件，因此选址位置对外应有高效的外部通道，对内应有便捷的城市道路连系。先行区范围内的京沪高速、科创大道之间预留了全互通条件，在道路交叉口附近选址可满足内外道路系统连通，并便于连接科创大道下的地下道路、综合管廊。具备良好的内连外通条件。

(2) 运输距离适宜。选址距离城市配送核心区不宜超过 10 km，物流运输服务将更为高效，同时可节约地下物流通道建设成本。

(3) 发展具备弹性。从先行区整体及远期发展看，分拨中心的功能定位会进一步提升，服务范围也会进一步扩大。因此，分拨中心选址在满足大桥组团物流需求的基础上，需具备功能和用地扩展的可能性，如未来分拨中心可能考虑兼顾崔寨组团的部分物流需求。

综合考虑大桥组团用地条件、交通区位和道路系统等因素，大桥组团规划 1 处物流分拨中心，选址于大桥组团东南侧，紧邻京沪高速与科创大道的交叉口，规模 2.4 万 m^2。如图 7-16 所示。

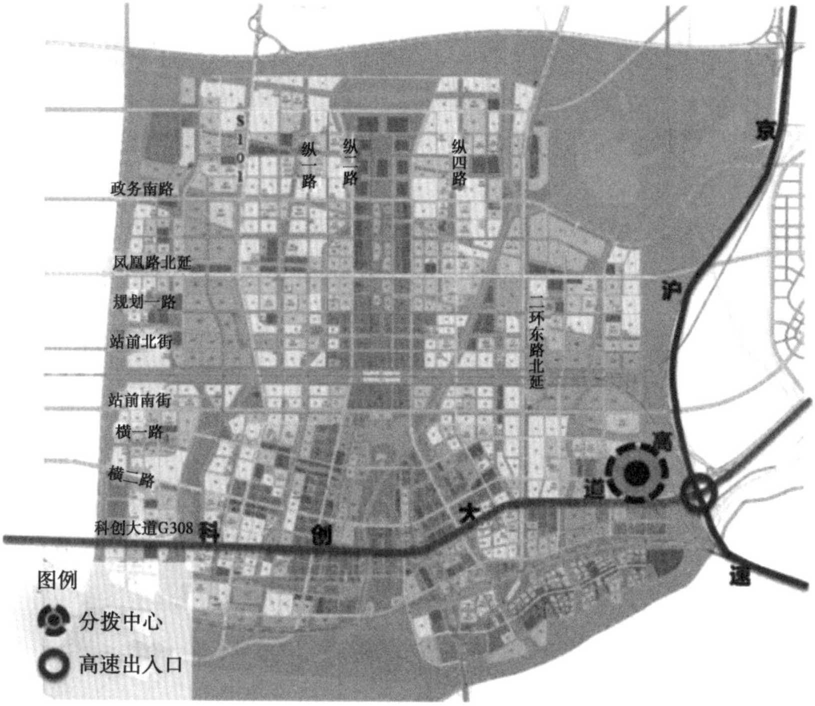

图 7-16　大桥组团分拨中心选址

2. 配送中心

配送中心的功能为提供货物的分拨、装载，进行标准容器到包裹的拆解工作等。配送中心选址需遵循以下原则：

(1) 需满足服务覆盖要求。根据社区级生活圈步行 10 min 的范围，按照 500 m 服务半径基本达到 70% 覆盖率，1 000 m 服务半径基本达到 100% 覆盖率的标准布局配送中心。

(2) 优先选址于公共服务设施内。由于配送中心属于城市公共服务设施，权属具有公共属性，因此配送中心可优先选址于组团内的邻里中心、街道生活中心等公共服务设施处。

根据以上原则，大桥组团规划设置配送中心共计 22 处，分为地下配送中心与地面配送中心两种类型。其中，地下配送中心 10 个，位于地下空间内，与地下物流通道连通，位于物流需求量较大的城市核心区；地面配送中心 12 个，位于建筑地面一层，物流需求量相对较小。根据服务范围和组团内总体物流量，每个配送中心规划面积 800～2 000 m^2，服务 1 万～2.5 万人。如图 7-17 所示。

图 7-17 大桥组团配送中心布局

7.4.4 运输通道

地下物流运输通道断面宽度 3 m，规划总长度约 16.4 km，整体形成一环一支的布局形式，如图 7-18 所示。

1. 通道建设形式

地下物流通道的研究难点为通道的建设形式。地下物流通道的选择不仅考虑物流终端布局、“零担＋快递”需求空间分布，也需重点考虑可合建的地下基础设施的分布。大桥组团内地下基础设施包括综合管廊、地下道路与轨道交通，在组团内，仅依托单一种类的地下基础设施无法形成系统的地下物流通道网络。

因此，本书采用了多方式组合的建设形式。在方式选择上，综合考虑了线位布局、道路红线宽度、建设时序和设施建设标准等因素。各段建设形式如下：

(1) 凤凰路北延段 E1 与综合管廊合建。凤凰路北延道路红线宽度 42 m，建设空间较为富余，综合管廊在此段舱室独立布局，与地下物流通道合建的条件较好。考虑到综合管廊电力舱不能位于压力舱下方，地下物流通道与管线舱采用竖向合建形式，如图 7-19 所示。

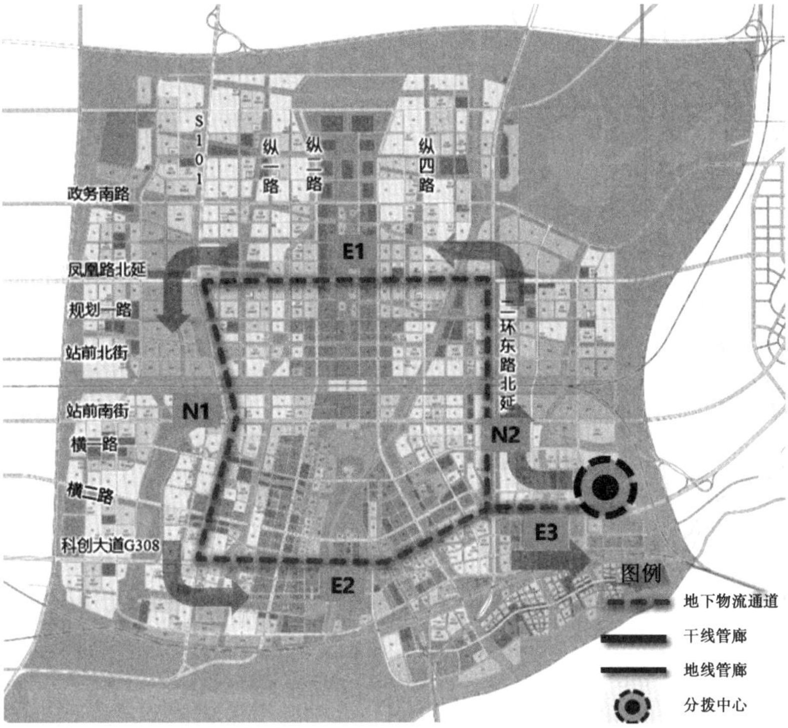

图 7-18 大桥组团地下物流运输通道布局

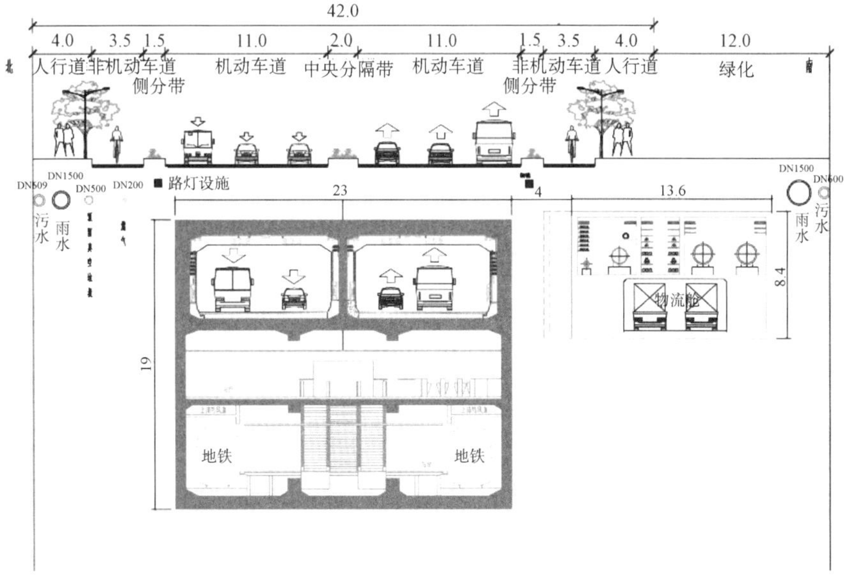

图 7-19 凤凰路北延段 E1 断面图(单位:m)

(2) S101 段 N1 独建。该段地下空间内西侧规划综合管廊支线，东侧非机动车道下已无建设空间；且在建设时序上，综合管廊为先期建设，地下物流通道可远期建设，二者在空间关系上不存在矛盾。因此,该段地下物流通道可在远期于道路中央绿化带下方进行单独建设,如图 7-20 所示。

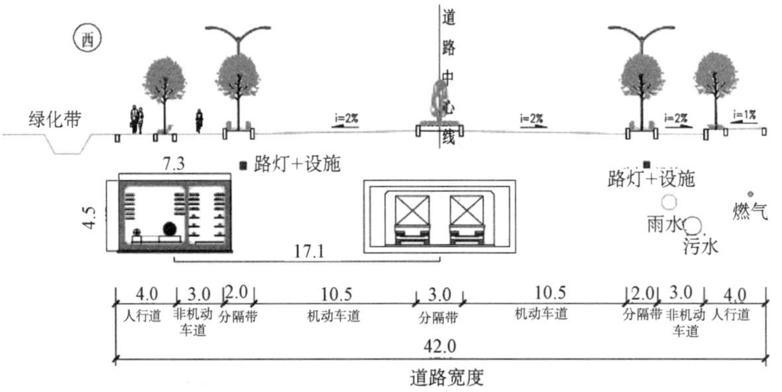

图 7-20 S101 段 N1 断面图(单位:m)

(3) 科创大道/立交以西 E2 段独建。该段地下道路、有轨电车通道将于近期建设实施,考虑到工期原因,采用合建方式的可行性较低。同时,地下物流通道与地下道路合建将与北侧的直埋管线产生竖向冲突。因此,规划将地下物流通道放置于深层地下空间,采用直径 8 m 的盾构,并与地下道路留出 1 倍的距离以保证建设安全。如图 7-21 所示。

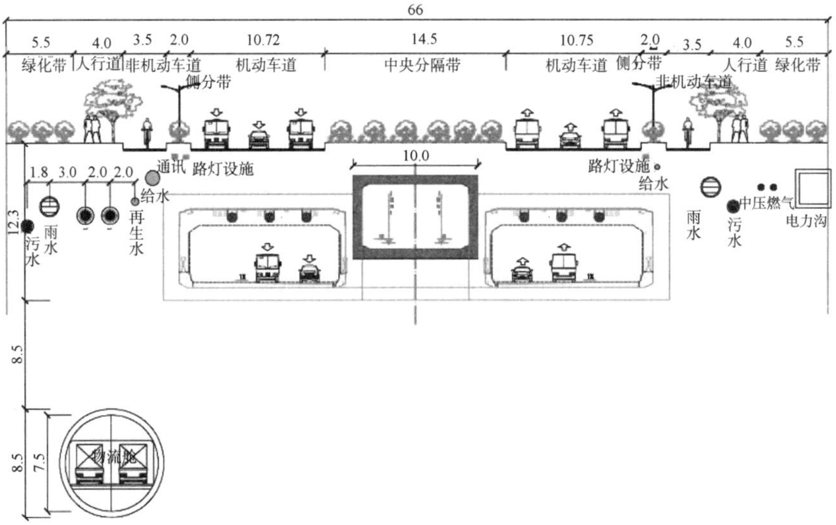

图 7-21 科创大道立交以西段 E2 断面图(单位:m)

(4) 科创大道/立交以东 E3 段与地下道路合建。由于该段地下基础设施种类较多,通道应优先考虑出线便利性,因此选择与地下道路在北侧合建,结构底标高与地下道路保持一致。如图 7-22 所示。

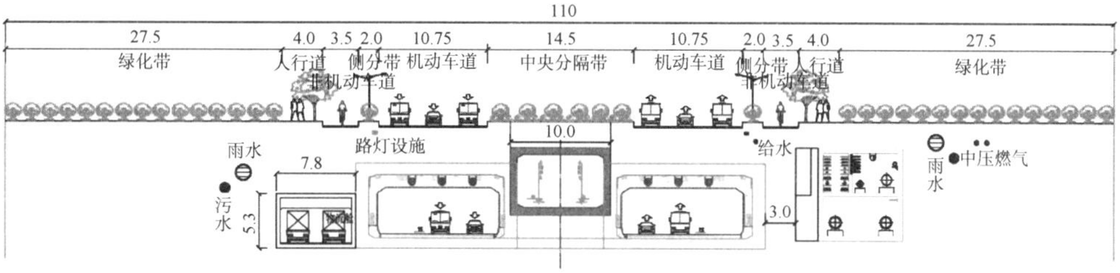

图 7-22　科创大道立交以东段 E3 断面图(单位:m)

(5) 二环东路北延段 N2 与综合管廊合建。二环东路北延道路红线宽度 42 m,且东部有 60 m 宽的绿化带,综合管廊横向拓展的空间较为富余,因此通道可与综合管廊横向合建。如图 7-23 所示。

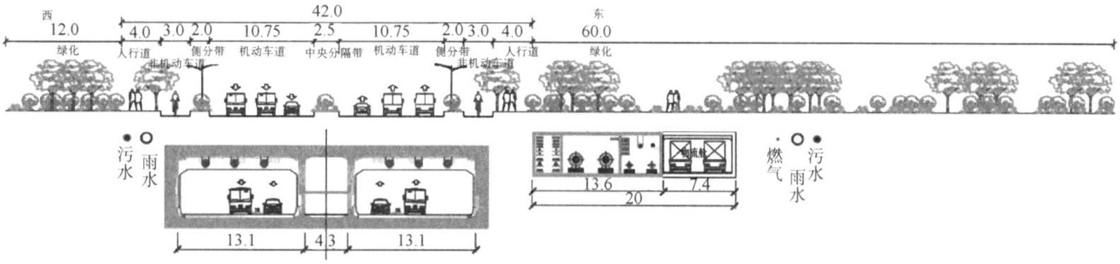

图 7-23　二环东路北延段 N2 断面图(单位:m)

地下物流通道与其他地下基础设施交叉节点采用避让原则进行设计,以避免通道间竖向矛盾。以综合管廊为例,考虑到管廊的平纵技术标准更为灵活,在交叉节点处,可优先保持物流舱标高不变,管线舱灵活上跨或下穿进行避让。通道在节点处可分为合建段与分建段:合建段中,物流舱与其他地下基础设施在结构上合建,在线位上一致;分建段中,物流舱在线位上设置转弯半径,与其他地下基础设施在结构上分离。如图 7-24 所示。

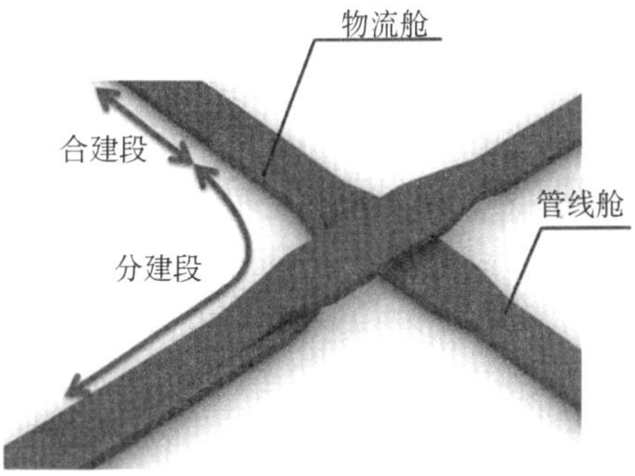

图 7-24　地下物流通道节点避让

2. 运输设备及技术参数

地下物流通道内的运输设备采用自动驾驶车辆，以此为基础设计地下物流标准断面参数如图 7-25 以及表 7-5—表 7-7 所示。

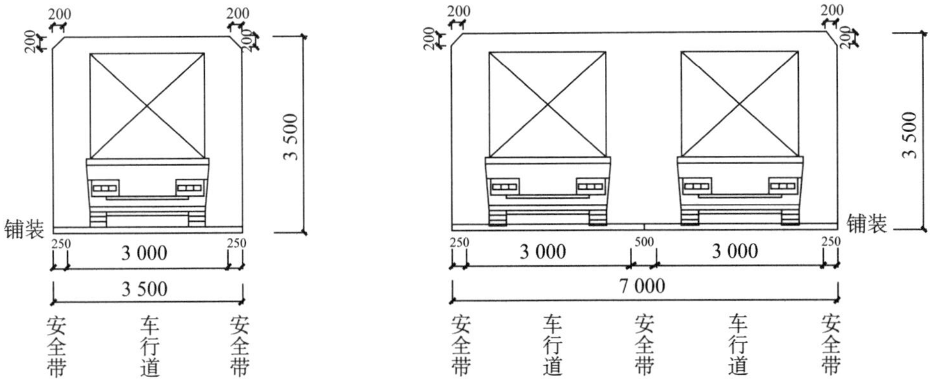

图 7-25 地下物流道路建筑限界(单位:mm)

表 7-5 地下物流通道空间要求

净宽/m	净高/m	横坡度/‰	铺装厚度/m
3.5	3.5	3～5	0.1

表 7-6 地下物流通道技术参数

设计速度/(km·h^{-1})	圆曲线最小半径/m	最大纵坡/%	最大超高横坡度/%
20	20	8	2
30	40	8	2
40	70	6	2
50	100	5	4
60	150	5	4
80	250	5	6

表 7-7 地下物流通道预留空间要求

设备空间(条件允许)	预留尺寸/m
上层空间	顶层预留 1.00
两侧空间	单侧预留 1.00

7.4.5　智慧末端配送

7.4.5.1　智慧末端配送等级

根据先行区人口导入时间序列、智慧化技术发展水平、物流配送服务水平等，智慧末端配送可分为四个等级：传统配送、智慧一级、智慧二级、智慧三级。

传统配送：适用于发展近期人口数量较少、物流需求量不大的情况，采用配送员人工配送到户的配送方式。

智慧一级：适用于城市发展中期人口数量增加、物流需求量增大的情况，采用配送员进行人工配送，并配置智能信包箱。

智慧二级：适用于城市发展远期智慧化技术发展到一定阶段，有人口数量基础，用户对物流配送服务有一定要求的阶段，采用机器人与配送员协同配送模式，并配置智能信包箱。

智慧三级：适用于城市发展远景人口完全导入、智慧化技术发展水平较高、对物流配送服务要求较高的阶段，标准化的快递包裹可直接通过到户管道配送入户，非标准化的快递包裹需通过配送机器人配送到户。

7.4.5.2　智慧末端配送总体方案

1. 近期(2022 年)末端配送智慧化方案(图 7-26)

“先行先试”，于先行建设的大桥安置五区规划末端配送智慧二级模式，采用机器人与配送员协同配送模式，并配置智能自提柜。

近期地下物流通道周边配送中心为智慧一级模式，采用配送员配送，并配置智能信包箱。

其他配送中心为传统配送模式，货物由配送员人工配送到户。

2. 中期(2028 年)末端配送智慧化方案(图 7-27)

中期大桥组团已全部实现智慧末端配送。

大桥安置五区为末端配送智慧三级模式，采用机器人全自动化配送模式，在形式上，机器人配送到户与到户管道运输相结合。

地下物流通道周边配送中心为智慧二级模式，采用机器人与配送员协同配送模式进行配送，并配置智能信包箱。

其他配送中心为智慧一级模式，采用配送员配送，配置智能信包箱。

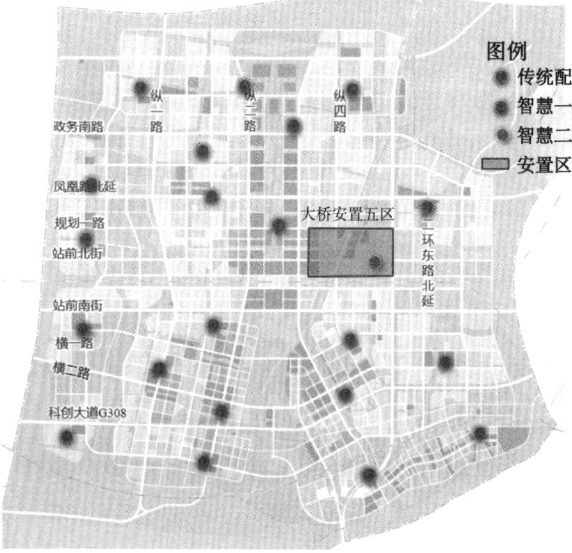

图 7-26　大桥组团近期(2022 年)末端配送智慧化方案

图 7-27　大桥组团中期(2028 年)末端配送智慧化方案

3. 远期(2035 年)末端配送智慧化方案(图 7-28)

地下物流通道周边配送中心均为末端配送智慧三级模式,地下物流通道可协助配送中心优先实现全自动化的智慧末端配送。采用机器人全自动化配送模式,机器人配送到户与到户管道运输相结合。

其他配送中心为智慧二级模式，采用机器人与配送员协同配送模式配送，配置智能信包箱。

图 7-28 大桥组团远期(2035年)末端配送智慧化方案

4. 远景(**2050** 年)末端配送智慧化方案(图 **7-29**)

所有配送中心均实现末端配送智慧三级模式，采用机器人全自动化配送模式，机器人配送到户与到户管道运输相结合。

图 7-29 大桥组团远景(2050年)末端配送智慧化方案

7.4.5.3 智慧末端配送详细方案

大桥安置五区规划总用地面积 1.1 km^2，容积率 1.83，建筑密度 26.08%，规划居住人口 20 676 人。城市建设用地类型包括居住用地、商住混合用地、公共管理与公共服务设施用地、商业服务业设施用地等。规划范围内公共服务设施按 15 min 生活圈、5 min 生活圈设置，包含商业及配套设施、居委生活中心、娱乐康体设施、幼儿园和中小学等。同时安置区全区规划蓝绿景观网络，该网络可供步行。规划情况如图 7-30—图 7-32 所示。

图 7-30 大桥安置五区效果图

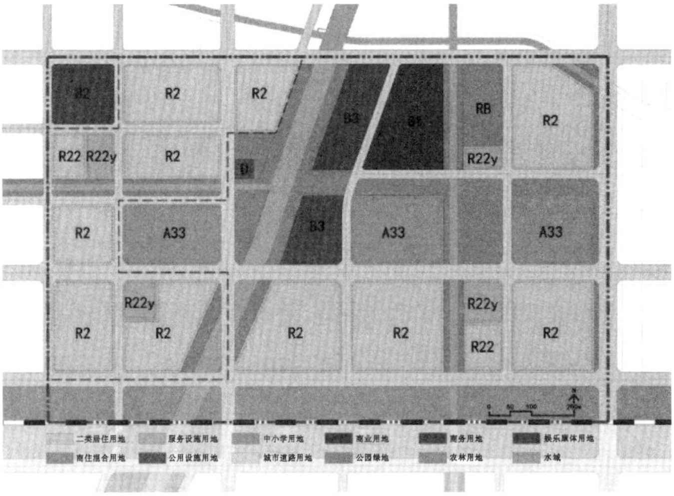

图 7-31 大桥安置五区用地规划图

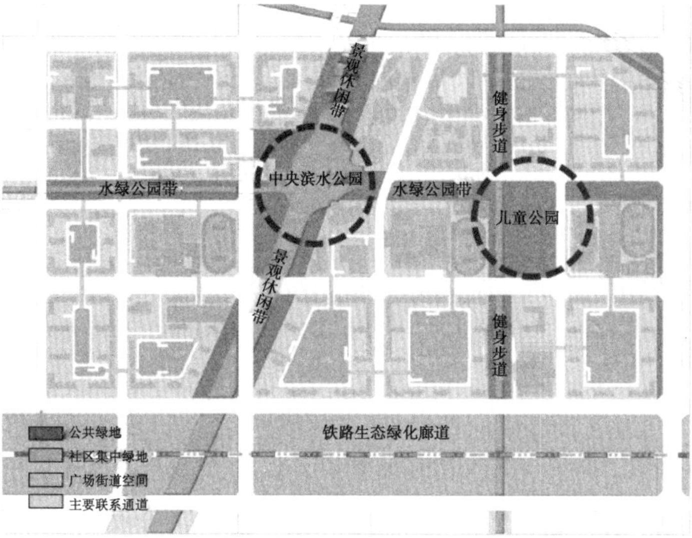

图 7-32　大桥安置五区蓝绿网络规划图

根据安置区的规划情况，其物流末端配送需求主要为居住用地、商住混合用地、商业用地、商务用地内的 B2b、B2C 业务。业务量为每天 8 400 件包裹，按照行业经验，入柜率 60%，则安置区内需要设置 40 组信包箱，信包箱规划标准为 2 组/千人。根据行业标准，配送机器人规划标准为 1 台/千人，安置区至少需 20 台配送机器人。

以大桥安置五区为例，根据智慧末端配送体系，对智慧末端配送不同层面的详细方案进行设计。层级包括大桥安置五区修建性详细安置区层面、地下空间层面、建筑层面的终端与路径。包裹通过大桥组团内的地下物流通道到达安置区的地下配送中心，再通过安置区地面末端配送通道到达地面/地下衔接点，通过地下空间内的地下末端配送通道到达地下/建筑衔接点，最后通过建筑末端配送通道到达入户点。如图 7-33 所示。

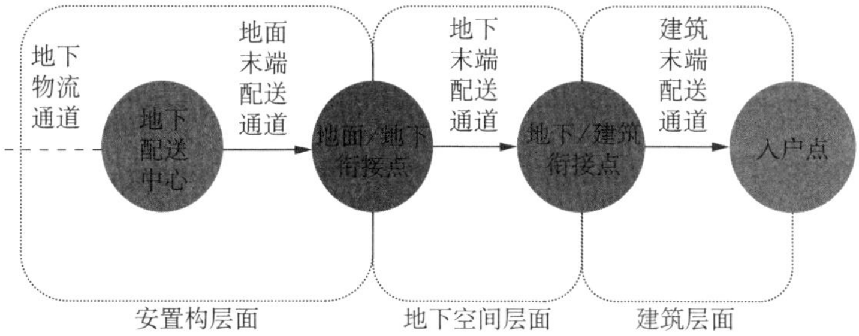

图 7-33　大桥安置五区智慧末端配送体系

1. 安置区层面智慧末端配送

(1) 终端规划。

在安置区内规划 1 处地下配送中心。配送中心选址于安置区东南角居委生活中心内，可服务安置五区及其周边地块，规划面积 2 000 m^2，服务 2.5 万人，主要服务于居住区内快递包裹业务，具备智能化分拣、容器拆解、转运、配送等功能，配送员和配送机器人从配送中心出发进行末端配送。

地面/地下衔接点主要为安置区内居住区、商业区的地下车库出入口。在商务办公、幼儿园、中小学等无地下空间的功能区，可直接用地面收发室作为配送终端。

(2) 通道规划。

以蓝绿网络为基础，结合道路人行道、居住区内道路设置物流配送通道。以减少对地面车行交通的影响为原则规划地面末端配送通道，作为配送员/配送机器人从地下配送中心进入地面/地下衔接点或地面收发室的通道。通道总长约 4 km。如图 7-34 所示。

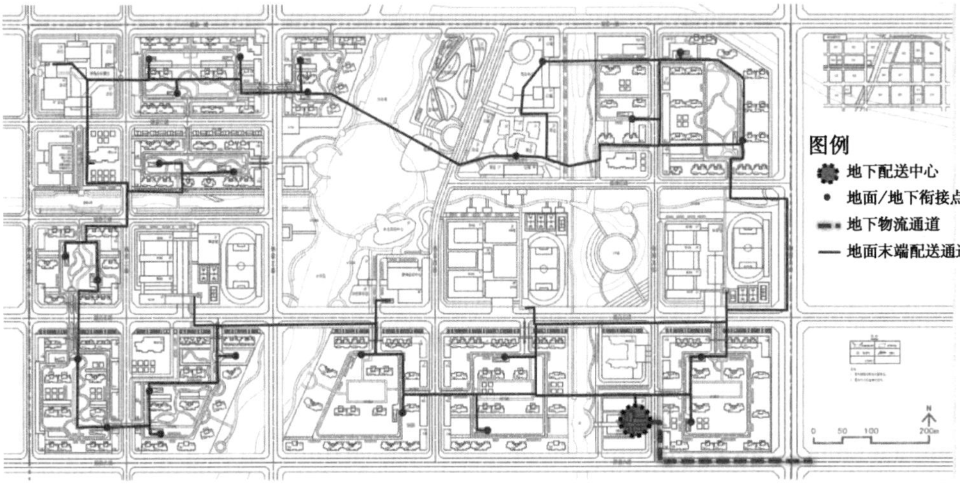

图 7-34 大桥安置五区安置区层面智慧末端配送方案

2. 地下空间层面智慧末端配送

(1) 终端规划。

地面/地下衔接点主要为安置区内居住区、商业区的地下车库出入口。

地下/建筑衔接点主要为每幢建筑的电梯间，配送员/配送机器人通过电梯间到达每层用户。

(2) 通道规划。

地下末端配送通道主要位于居住区、商业区内地下停车库内。选择地面/地下衔接点到达地下/建筑衔接点距离最短、对车行交通影响较小的通道作为地下末端配送通道，通道内供配送员/配送机器人通行。在规划地下空间的地块内，将物流末端配送转移到地下，可减少配送员/配送机器人配送对地面车辆、行人通行的影响，提升配送效率，同时优化了地面景观环境。如图 7-35 所示。

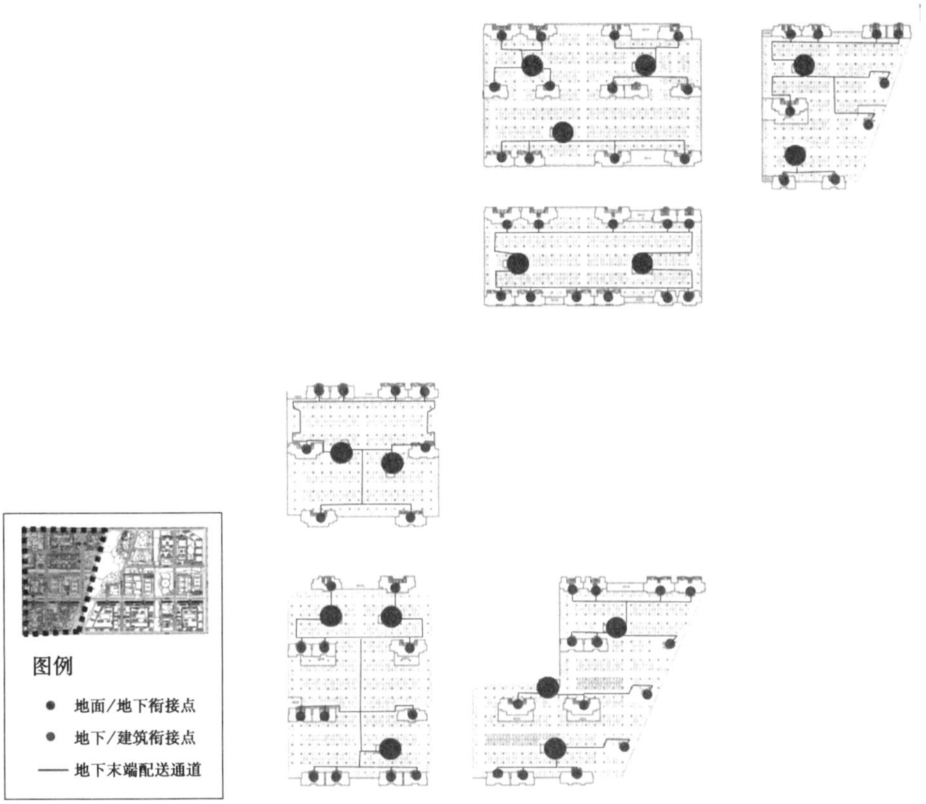

图 7-35 大桥安置五区地下空间层面智慧末端配送方案

3. 建筑层面智慧末端配送

以公寓为例，在公寓内，配送员/配送机器人通过电梯到达每层楼，首先送到每户，如无人签收则送到每层楼服务间内，然后原路返回。

(1) 终端规划。

地下/建筑衔接点主要为每幢建筑的电梯间。入户点为收货人所在房间。

(2) 通道规划。

利用建筑内公共通道作为配送员/配送机器人的建筑末端配送通道，如图 7-36 所示。

4. 智能信包箱布局方案

近期可在地下空间内电梯间旁集中设置多个智能信包箱，用户可前往智能信包箱取货。该方式在近期安置区人口较少的情况下，可节约资源，且利于配送员集中投递，达到高效配送。该方式下需在电梯间旁预留智能信包箱空间。

远期可在建筑内每一层的服务间中设置智能信包箱，快递包裹无人接收时可暂存于

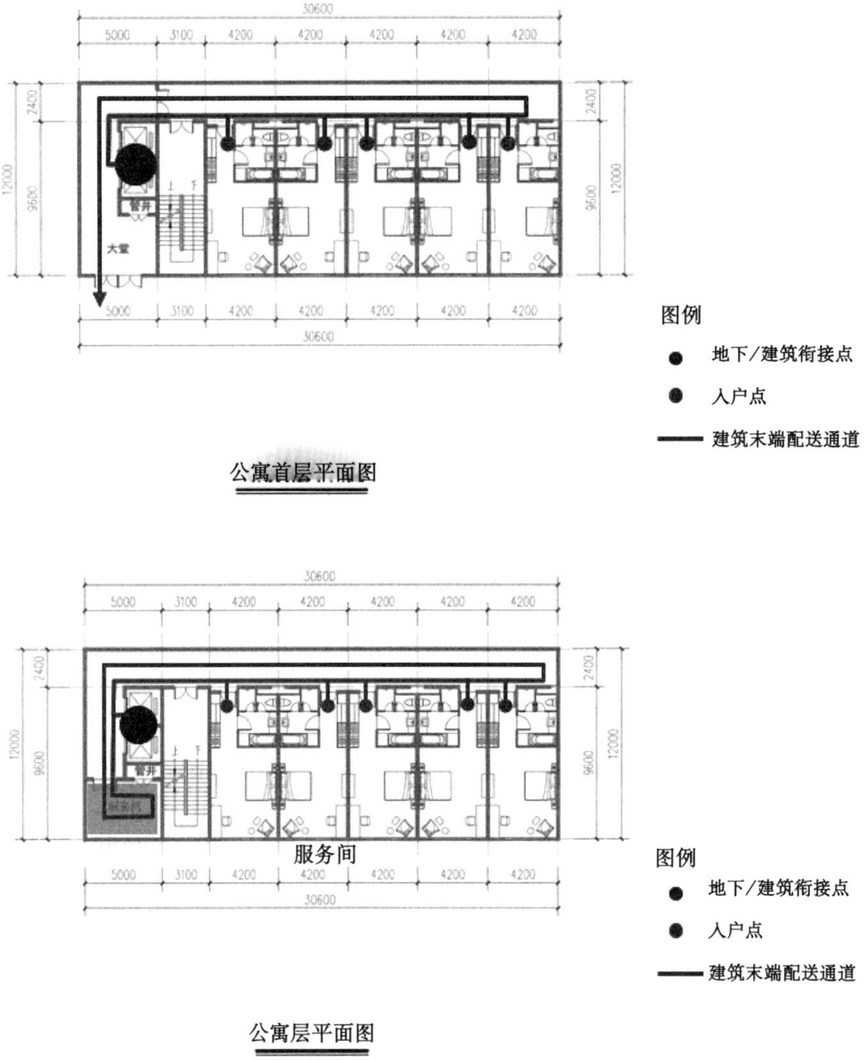

图 7-36　大桥安置五区建筑层面智慧末端配送方案

智能信包箱内。该方式方便用户取件、寄件，原智能信包箱空间可用作其他用途。智能信包箱在远期配送机器人全自动化配送的情景下，用户收寄包裹服务质量较高，更能体现智慧末端配送的人性化。

7.5　本章小结

本章在先行区应用了地下物流终端与运输通道优化理论，是对多种设施整合理论的综合。在雄安新区的理论实践中，地下物流运输通道仅与综合管廊进行整合，而在先行区中，城市主要道路下方地下空间规划有综合管廊、地下道路等多种地下基础设施，且设施自身未像雄安新区一样形成覆盖率较高的网络，因此，先行区的地下物流运输通道需根据道路下方的设施类型，灵活选取地下物流的整合形式。

研究从先行区的城市配送发展背景、现状及重点区域分析了地下物流系统建设的可行性。先行区是济南市重点发展的新型产业示范区，济南市以第三产业发展为主，且消费主力人口占比较高，存在建设地下物流系统的必要性。在先行区发展重点地区中，大桥组团以高新产业为主，规划人口50万人，未来有较大的物流配送需求，更适宜于建设地下物流系统。

在物流需求方面，大桥组团的地下物流系统主要运输时效性较高的"零担＋快递"货物，包括B2b、B2C业务。由大桥组团总的城市物流类型可知，地下物流可分担的B2b、B2C业务包括快递、连锁超市和跨境快递物流，预计2035年人均地下物流需求量为2.57 kg/d。

在地下物流终端与运输通道方案中，采用"整合共建、功能复合、面向实施"的核心理念，重点对运输通道的形式进行了设计。在终端体系上，结合共同配送理念，在先行区规划布局1个分拨中心，22个配送中心，其中10个地下配送中心位于核心区内。在运输通道体系上，规划"一环一支"地下物流通道，分别位于二环东路北延、凤凰路北延、S101、科创大道道路下方，规划总长度约16.4 km。其中，二环东路北延和凤凰路北延的地下物流运输通道与综合管廊整合共建，S101和科创大道互通立交以西段地下物流运输通道独建，科创大道互通立交以东段地下物流运输通道与地下道路合建。先行区的整合共建形式中，采用了不同的物流运输通道布局形式及建设标准，以保证地下物流运输通道的完整性，有利于维持日常运营的稳定性。

第8章

研究结论与创新点

8.1 研究结论

本书针对城市地下物流系统总体布局规划，重点研究了地下物流系统中的终端选址及运输通道优化方法。主要研究成果如下。

(1) 城市地下物流系统前期规划：内容包括城市地下物流系统建设必要性、可行性和城市地下物流需求预测。从多个角度分析和评价了城市地下物流规划的必要性与可行性，包括物流带来的城市交通问题、城市物流需求、城市基础设施、成本效益权衡和工程技术条件等。其中，城市交通问题包括了环境污染、交通拥堵等；城市物流需求包括物流需求规模与特征、城市基础设施包括物流基础设施与地下基础设施；成本效益权衡分析中详细列出了成本及效益的组成部分；工程技术条件则包括了城市工程地质条件与城市基础设施工程条件。地下物流需求预测则从需求的影响因素、物流需求分类及需求预测方法三个部分进行系统化研究，并根据物流历史数据完整程度的不同，区分了城市新区与城市建成区，结合地下物流服务特性，提出了相应的地下物流需求预测方法。

(2) 城市地下物流终端选址优化：基于共同配送理念，重点研究由分拨中心、配送中心构成的两级终端体系及末端配送体系。本书对物流终端选址，包括规模、功能等方面进行了优化研究，其中，选址优化分为宏观、中观和微观三个层面；并提出了相对应的规划原则、规划目标、规划内容及规划方法。研究特别针对在城市现状已有物流终端的情况下，规划应考虑新建地下物流终端或进行终端的地下化改建，在布局上应尽量与地下物流通道临近，提升衔接效率，节省成本。地下物流终端选址的优化应在保障物流效率的基础上，顺应城市智慧化产业进程，融入新零售商业、便民服务和信息化平台等多种智能化功能，配备智能化分拣、运输设施设备，构建无人化、自动化、智慧化平台。末端配送是终端选址的另一重要层面。末端配送以智慧化、集约化和绿色化为主要特征，以共同配送为主要配送模式，该模式决定了末端配送可统一、高效地调配终端的配送员、配送机器人等，甚至可通过管道将包裹配送至用户。在末端配送的设施规划方面，共同配送的模式也利于逐步提升地下物流终端的智慧等级，实现高效率的末端配送。

(3) 城市地下物流运输通道优化：基于"整合共建、功能复合、面向实施"理念，本书首先对地下物流运输通道的规划基本理论进行了研究，包括规划原则、构成要素、规划内容和规划方法。系统总结了地下物流网络的体系结构和网络形态，分析了线状、树状、环状、栅格状和混合形态的形态特征。重点研究了地下物流运输通道与相关基础设施整合优化的形式。地下物流运输通道的成网运行需满足一定的基本条件，综合管廊、轨道交通和地下道路等相关基础设施，均具备大规模、网络化的开发趋势，这为地下物流运输通道的整合共建提供了空间载体。因此，地下物流运输通道与综合管廊、轨道交通和地下道路的整合优化均具备较高的可行性。地下物流运输通道与综合管廊整合优化时，可分为合舱与分舱两种形式。地下物流运输通道与轨道交通整合优化时，可分为加挂形式与货运专列两类。地下物流运输通道与地下道路整合优化时，可分为专用通道与公共通道两类。通过对网络覆盖、节点选址、运营组织、对原系统影响等方面的分析可知，上述三类对象的整合方式之间存在一定差异，需根据实际工程情况进行整合方式的优选。

(4) 应用实例研究：以雄安新区、济南新旧动能转换先行区的地下物流系统规划为例，应用以上研究成果。在雄安新区容东片区实例中，方案对规划区域的背景、建设可行性、需求预测、终端与运输通道和运输方案以及成本效益等方面均进行了研究。并以地下物流运输通道与综合管廊整合共建形式为核心，对其进行了节点交叉等关键问题的详细研究，检验了研究方法的可行性和有效性。在济南新旧动能转换先行区实例中，对研究理论进行了拓展应用。其中，先行区的地下物流运输通道不局限于单个地下基础设施，而是采用与综合管廊、地下道路综合共建的形式，对"整合共建、功能复合、面向实施"的优化理念进行了新的实践探索。

8.2　创新点

本书提出了以下创新点：

(1) 以共同配送理念为指导，构建了由分拨中心、配送中心组成的城市地下物流两级配送体系，系统地提出了包含分拨中心、配送中心的选址布局和功能规模等内容的规划框架。并基于两级配送体系，结合智慧化、无人化配送技术，提出了"最后一公里"末端配送优化方案。以智能信包箱、配送机器人等作为智慧末端配送模式，根据城市建成规模和智能化技术的发展程度，以完成城市配送中心全面智慧化为目标，提出不同程度智慧化的四个等级，包括传统配送、智慧一级、智慧二级和智慧三级，每个等级采用人工配送、智能信包箱和配送机器人等不同模式进行组合。

(2) 提出以“整合共建、功能复合、面向实施”为核心理念的地下物流与相关基础设施整合的建设形式。该建设形式可借助相关基础设施的网络化覆盖条件，有效降低地下物流网络的建设成本，提高工程可行性。考虑到线网覆盖率与可利用空间资源等方面的因素，地下物流运输通道的整合对象为综合管廊、轨道交通和地下道路，根据路权分配不同，提出了各形式内部通道的方案设计，包括综合管廊的合舱与分舱形式、轨道交通的加挂形式与货运专列、地下道路的货运专用道与公共通道形式。

(3) 将地下物流整合共建的通道优化理念应用于两个实例研究。在雄安新区容东片区地下物流规划中，在通道上采用地下物流与综合管廊整合共建的形式，并提出了地下物流连接线、地下物流环线、末端配送通道三种类型的通道，对通道方案进行了详细设计。在济南新旧动能转换先行区中，提出了地下物流与地下道路整合共建的通道形式，并依据现行城市地下道路工程设计规范，对通道横断面、平纵断面、出入口及防护设施进行初步设计，供实际地下物流工程参考。

参考文献

[1] 中华人民共和国中央人民政府.国务院办公厅转发《关于进一步降低物流成本的实施意见》[EB/OL].(2020-06-02)[2020-10-15].http://www.gov.cn/xinwen/2020-06/02/content_5516867.htm.

[2] 中华人民共和国中央人民政府.中共中央、国务院印发《交通强国建设纲要》[EB/OL].(2019-09-19)[2020-10-15].http://www.gov.cn/zhengce/2019-09/19/content_5431432.htm.

[3] 中华人民共和国中央人民政府.关于推动物流高质量发展促进形成强大国内市场的意见:发改经贸[2019]352号[EB/OL].(2019-02-26)[2020-10-15].http://www.gov.cn/zhengce/zhengceku/2019-09/29/content_5434995.htm.

[4] 习近平. 决胜全面建成小康社会 夺取新时代中国特色社会主义伟大胜利——在中国共产党第十九次全国代表大会上的报告[M].北京:人民出版社,2017.

[5] 中华人民共和国中央人民政府.国务院办公厅关于深入实施"互联网+流通"行动计划的意见:国办发[2016]24号[EB/OL].(2016-04-21)[2020-10-15].http://www.gov.cn/zhengce/content/2016-04/21/content_5066570.htm.

[6] 中华人民共和国中央人民政府.国务院办公厅关于推进线上线下互动加快商贸流通创新发展转型升级的意见:国办发[2015]72号[EB/OL].(2015-09-29)[2020-10-15].http://www.gov.cn/zhengce/content/2015-09/29/content_10204.htm.

[7] 中华人民共和国商务部流通业发展司.商务部办公厅关于印发《2015年流通业发展工作要点》的通知:商办流通[2015]98号[EB/OL].(2015-03-20)[2020-10-15].http://ltfzs.mofcom.gov.cn/article/smzx/201503/20150300923629.shtml.

[8] 中华人民共和国中央人民政府.国务院关于印发物流业发展中长期规划(2014—2020年)的通知:国发[2014]42号[EB/OL].(2014-10-04)[2020-10-15].http://www.gov.cn/zhengce/content/2014-10/04/content_9120.htm.

[9] 中国物流与采购联合会.2019年全国物流运行情况通报[R/OL].(2020-04-20)[2020-10-15].http://www.chinawuliu.com.cn/lhhzq/202004/20/499790.shtml.

[10] 新京报.我国快递业务量连续五年稳居世界第一[EB/OL].(2019-10-09)[2020-10-15].https://www.bjnews.com.cn/detail/157058225615195.html.

[11] 中华人民共和国中央人民政府.2019 年交通运输行业发展统计公报[EB/OL].(2020-05-12)[2020-10-15].http://xxgk.mot.gov.cn/jigou/zhghs/202005/t20200512_3374322.html.

[12] 中华人民共和国交通运输部.营运货车安全技术条件第 1 部分:载货汽车:JT/T 1178.1—2018[S].北京:人民交通出版社,2018.

[13] 中华人民共和国生态环境部.中国机动车环境管理年报(2018)[R/OL].(2018-06-01)[2020-10-15]. http://www. mee. gov. cn/xxgk2018/xxgk/xxgk15/201806/t20180601_630215.html.

[14] 中华人民共和国国家邮政局.2019 年邮政行业发展统计公报[R/OL].(2020-05-20)[2020-10-15].http://www.spb.gov.cn/xw/dtxx_15079/202005/t20200519_2154947.html.

[15] 前瞻产业研究院.2020—2025 年中国即时配送行业市场前景预测与投资战略规划分析报告[R/OL].(2020-10-20)[2020-10-18].https://bg.qianzhan.com/report/detail/1903131013365317.html? v=title.

[16] 南京慧龙城市规划设计有限公司,中国岩石力学与工程学会地下空间分会.中国城市地下空间发展蓝皮书(2018)[R].2018.

[17] 钱七虎.城市可持续发展与地下空间开发利用[J].地下空间与工程学报,1998,2:69-74.

[18] 钱七虎.地下空间科学开发与利用[M].南京:江苏科学技术出版社,2007.

[19] 俞明健.城市地下道路设计理论与实践[M].北京:中国建筑工业出版社,2014.

[20] 陈湘生.地铁域地下空间利用的工程实践与创新[M].北京:人民交通出版社,2015.

[21] 陈志龙.城市地下空间规划[M].南京:东南大学出版社,2005.

[22] 章冠弘,包敦辉.城市地下物流系统研究概况与分析[J].价值工程,2017,36(29):242-245.

[23] 钱七虎.建设特大城市地下快速路和地下物流系统——解决中国特大城市交通问题的新思路[J].科技导报,2004,22(4):3-6.

[24] LIU Henry. Feasibility of underground pneumatic freight transport in New York City[J]. Containers,2004,7643:1-12.

[25] BERT Vernimmen,WOUT Dullaert,ERIK Geens,et al. Underground logistics systems: A way to cope with growing internal container traffic in the port of antwerp? [J] Transportation Planning and Technology,2007,30(4):391-416.

[26] ARJAN Van Binsbergen, PIET Bovy. Underground urban goods distribution networks[J]. Innovation: the European Journal of Social Science Research, 2010, 13(1): 111-128.

[27] LIU Henry, 崔建强, 林冬, 等.纽约市地下物流可行性研究及对世界其他主要城市的启示[J].现代交通技术, 2008, 5(4): 86-92.

[28] 孟芳, 金江, 孙淑生.基于ULS武汉市快速物流系统可行性分析[J].物流工程与管理, 2011, 33(7): 11-13.

[29] 徐国峰.城市地下物流系统构架研究[D].武汉: 华中科技大学, 2012.

[30] 钱七虎.推进城市地下空间规划建设的思考[J].城乡建设, 2017, 18: 60-65.

[31] 俞明健.城市货运交通问题与城市地下物流[J].交通与运输, 2017, 3(33): 1-3.

[32] 屈川翔, 熊志为, 冯鑫, 等.武汉地区城市地下物流系统可行性研究中几个问题初探与趋势展望[J].隧道建设(中英文), 2018, 38(10): 1688-1697.

[33] 黄欧龙, 郭东军, 陈志龙.运用SLP方法布置地下物流系统配送中心[J].地下空间与工程学报, 2006, 1: 1-4.

[34] 闫文涛, 覃燕红.地下物流节点选址的双层规划模型及算法研究[J].地下空间与工程学报, 2016, 12(4): 870-874.

[35] 何永贵, 周颖.基于成本优化的城市地下物流节点选址研究[J].管理现代化, 2018, 38(6): 66-69.

[36] 王曼, 曹倩, 孙践知, 等.地下物流多级节点选址的双层规划模型[J].科学技术与工程, 2018, 18(31): 64-69.

[37] 华云, 董建军, 付光辉, 等.城市地下物流网络节点选址影响因素的ISM分析[J].地下空间与工程学报, 2018, 14(S1): 39-48.

[38] 马祖军.城市地下物流系统及其设计[J].物流技术, 2004, 10: 12-15.

[39] 黄欧龙, 陈志龙, 郭东军.城市地下物流系统网络规划初探[J].物流技术与应用, 2005, 10(6): 91-93.

[40] 范益群, 钱七虎.基于地下集装箱运输的城市地下环境物流系统建设[J].科技导报, 2011, 29(7): 31-35.

[41] 李彤, 王众托.大型城市地下物流网络优化布局的模拟植物生长算法[J].系统工程理论与实践, 2013, 33(4): 971-980.

[42] 李珍萍, 卜晓奇.地下物流网络规划问题研究[J].数学的实践与认识, 2018, 48(16): 207-214.

[43] 颜冰, 王宇, 闫申.构建地下物流系统网络[J].数学的实践与认识, 2018, 48(15): 293-302.

[44] 胡万杰，潘欣维，华云.基于综合效益的城市地下物流网络设计与优化方法[J].数学的实践与认识，2018，48(15)：303-312.

[45] 马成林，杨学春，董景峰，等.基于 ANP 与模糊 TOPSIS 的城市地下物流系统集装单元选择决策方法[J].物流技术，2015，19：110-114.

[46] 穆树录.城市地下物流系统线路规划研究[D].石家庄：石家庄铁道大学，2015.

[47] 周婷，周爱莲.基于时间成本的地下物流配送路线优化模型[J].物流工程与管理，2016，38(8)：60-62.

[48] 易美，周爱莲.一类城市地下物流网络规划模型研究[J].交通科学与工程，2016，32(3)：93-98.

[49] KIKUTA Jun，ITO Tatsuhide，TOMIYAMA Izuru，et al. New subway-integrated city logistics szystem[J].Procedia-Social and Behavioral Sciences，Seventh International Conference on City Logistics，2012，39(January)：476-489.

[50] 史毅飞.关于地铁兼具载客、物流功能的可行性分析[J].物流技术，2014，33(1)：197-199.

[51] 彭玫贞，董建军，任睿，等.城市地下物流系统与地铁的协同运行探析[J].解放军理工大学学报(自然科学版)，2017：1-7.

[52] 戴冉，郑长江，郑树青，等.共享条件下的地下物流配送路线优化[J].贵州大学学报(自然科学版)，2018，35(4)：117-121.

[53] 王亮.西安地铁参与城市物流运输的可行性研究[D].西安：长安大学，2018.

[54] 周芳汀.基于地铁开展城市配送的选点——路径问题[J].控制与决策，2018，33(7)：98-105.

[55] BEHIRI Walid，SANA Belmokhtar-Berraf，CHU Chengbin. Urban freight transport using passenger rail network：Scientific issues and quantitative analysis[J]. Transportation Research Part E：Logistics and Transportation Review，2018，115(July)：227-245.

[56] STEIN Dietrich，SCHOESSER Britta. CargoCap-Transportation of goods through underground pipelines：Research project in Germany[J]. In Pipeline Engineering & Construction International Conference，2003.

[57] 郭东军，陈志龙，钱七虎.发展北京地下物流系统初探[J].地下空间与工程学报，2005，1：37-41.

[58] 郭占全，石晓东.北京市发展地下物流系统的前景[J].地下空间与工程学报，2006，S1：1260-1263，1268.

[59] 范益群，俞明健，游克思.中国国家会展中心地下集装箱物流系统概念方案研究[J].

交通与运输,2015,31(2):49-51.

[60] TAHA Ashoori, NAJAFI Mohammad, JANBAZ Saeed. Integrating underground freight transportation into existing intermodal systems[R].2016.

[61] 朱良成.青岛西海岸新区地下交通基础设施规划研究[J].地下空间与工程学报,2018,14(S1):27-31.

[62] 朱洪,江文平.上海外高桥港区发展地下物流概念方案研究和探讨[C]//创新驱动与智慧发展——2018 年中国城市交通规划年会论文集.青岛:2018.

[63] 钱七虎,郭东军.城市地下物流系统导论[M].北京:人民交通出版社,2007.

[64] ERNST S L, PATEL M G, CAPERS H A, et al. Underground transportation systems in Europe: Safety, operations, and emergency response[R]. Emergency Management,2006.

[65] WIEGMANS B W, VISSER Johan, KONINGS Rob, et al. Review of underground logistic systems in the Netherlands: An ex-post evaluation of barriers, enablers and spin-offs[J]. European Transporttrasporti Europei,2010,45(45):34-49.

[66] GORDIJN Hugo. Underground freight transport in the Netherlands in the next century[J]. Tijdschrift Voor Economische En Sociale Geografie,1999,90(2):234-241.

[67] FAHIMNIA B,BELL M G H,HENSHER D A,et al. Green Logistics and Transportation: A Sustainable Supply Chain Perspective[M]. Cham:Springer,2015.

[68] TomTom. 2018 年全球交通拥堵城市排名[EB/OL].(2019-06-13)[2020-12-07]. http://www.199it.com/archives/891528.html.

[69] 国家统计局.中华人民共和国 2019 年国民经济和社会发展统计公报[EB/OL].(2020-02-28)[2020-12-07].http://www.stats.gov.cn/tjsj/zxfb/202002/t20200228_1728913.html.

[70] 城市货运规划目标世界经济合作组织(OECD).配送:21 世纪城市货运的挑战[EB/OL].[2020-12-07]. http://www.oecdchina.org/.

[71] 世界卫生组织.噪音污染导致的疾病负担[EB/OL].(2011-04-08)[2020-12-07]. https://www.who.int/zh/.

[72] 中国互联网络信息中心(CNNIC).中国互联网络发展状况统计报告[EB/OL].(2020-09-29)[2020-12-07]. http://www.cac.gov.cn/2020-09/29/c_1602939918747816.htm.

[73] 戢晓峰,普永明,梁斐雯,等.交通管制时限条件下城市物流配送优化双层规划模型[J].公路交通科技,2014,31(12):145-152.

[74] 深圳市统计局.深圳统计年鉴 2017[EB/OL].(2017-12-19)[2020-12-07]. http://tjj.

sz.gov.cn/zwgk/zfxxgkml/tjsj/tjnj/content/post_3085969.html.

[75] 李浩，刘桂云.物流系统规划与设计[M].杭州：浙江大学出版社，2015.

[76] 国家邮政局，国家发展改革委，交通运输部.邮政业发展"十三五"规划[EB/OL].(2016-12-24)[2020-12-07].http://www.chinapost.com.cn/html1/report/161315/9141-1.htm.

[77] 高自友，宋一凡，四兵锋.城市交通连续平衡网络设计：理论与方法[M].北京：中国铁道出版社，2000.

[78] 朱占峰.城市物流配送体系研究——基于宁波全域都市化背景[M].武汉：武汉大学出版社，2014.

[79] 中国城市轨道交通协会.城市轨道交通 2017 年度统计和分析报告[EB/OL].(2020-04-22)[2020-12-07]. https://www.camet.org.cn/tjxx/4513.

[80] 胡迪，王冠军，杨辰旻，等.城市地铁发展现代物流业务的可行性研究[J].物流工程与管理，2015，37(10)：25-26.

[81] 中华人民共和国国家发展和改革委员会."十二五"综合交通运输体系规划[EB/OL].(2012-07-23)[2020-12-07].https://www.ndrc.gov.cn/fggz/zcssfz/zcgh/201207/t20120723_1145674.html? code=&state=123.

[82] 中华人民共和国住房和城乡建设部.城市综合管廊工程技术规范：GB 50838—2015[S].北京：中国计划出版社，2015.

[83] Siemens. SiBag Train 西门子—城市值机行李解决方案[R].北京，2017.

[84] 济南市统计局.2019 年济南市国民经济和社会发展统计公报[EB/OL].(2020-03-31)[2020-12-07].http://jntj.jinan.gov.cn/art/2020/3/31/art_18254_4157772.html.

[85] 济南市人民政府.济南市人民政府关于修正《济南市十大千亿产业振兴计划》部分条款的通知：济政发[2018]17 号[EB/OL].(2018-08-03)[2020-12-07]. http://www.jinan.gov.cn/art/2018/8/7/art_2612_2398933.html.

[86] 济南市统计局.2017 年济南市国民经济和社会发展统计公报[EB/OL].(2018-04-13)[2020-12-07].http://jntj.jinan.gov.cn/art/2018/4/13/art_18254_1026394.html.

[87] 济南市人民政府.《济南新旧动能转换先行区总体规划草案(2018—2035 年)》社会公示与征求意见[EB/OL].(2018-10-17)[2020-12-07]. http://www.jinan.gov.cn/art/2018/10/17/art_28130_2618825.html.